Albert Emil Brachvogel

Narziß

Ein Trauerspiel in fünf Aufzügen

Albert Emil Brachvogel: Narziß. Ein Trauerspiel in fünf
Aufzügen

Berliner Ausgabe, 2019, 4. Auflage
Durchgesehener Neusatz mit einer Biographie des Autors
bearbeitet und eingerichtet von Michael Holzinger

Entstanden: 1855.
Erstdruck: Leipzig (Costenoble), 1857.
Uraufführung am 07.03.1856, Königliches Schauspielhaus,
Berlin.

Textgrundlage ist die Ausgabe:
Albert Emil Brachvogel: Narziß. Herausgegeben und
eingeleitet von Dr. Herbert Hirschberg, Leipzig: Verlag
von Philipp Reclam jun., [o.J.].

Dieses Buch folgt in Rechtschreibung und Zeichensetzung
obiger Textgrundlage.

Herausgeber der Reihe: Michael Holzinger
Reihengestaltung: Viktor Harvion
Umschlaggestaltung unter Verwendung des Bildes:
Albert Emil Brachvogel nach einem Stich von A. Weger

Gesetzt aus der Minion Pro, 10.6 pt

ISBN 978-1482335163

Die Sammlung Holzinger erscheint im
Verlag der Contumax GmbH & Co. KG, Berlin
Herstellung: Amazon Media EU S.à.r.l.

Vorwort des Verfassers

(1857)

Nachdem Narziß seit dem 7. März vorigen Jahres die meisten deutschen Bühnen, sowie mehrere Theater des Auslandes beschritten und sich zu meiner innigen Freude mannigfache Gönner erworben hat, halte ich es für Pflicht, denselben nun auf buchhändlerischem Wege allen denen zugänglich zu machen, die ihn nicht nur eben gut genug zu flüchtiger Unterhaltung, sondern der Ehre eines längeren Umgangs wert erachten mögen.

Den Stoff und äußeren Anlaß zu diesem Trauerspiele gab mir Diderots Dialog »Nameaus Neffe«, den Altmeister Goethe zuerst verdeutscht hat; ferner Merciers *Tableaux de Paris*.

Fabel, Charakter und Anschauung sind mein eigen, so daß ich die Arbeit wohl ohne zu erröten als Originalwerk bezeichnen darf – insoweit man überhaupt Original – sein kann.

Narziß ist dem geneigten Leser hier genau so geboten, wie er dargestellt zu werden pflegt, und indem ich ihn dem Theater gegenüber noch immer als Manuskript bezeichne, nehme ich für denselben mein geistiges Eigentumsrecht in Anspruch.

Ebenso behalte ich mir das Recht vor, das Drama selbst zu übersetzen oder übersetzen zu lassen.

Indem ich hier mit größter Hochachtung der deutschen Kritik, selbst derjenigen, die mich tadelte, gedenke und ihr für die liebevolle Aufmerksamkeit, die sie mir widmete, frohen Dank sage, versichere ich ihr, daß mein Streben stets dahin gerichtet sein soll, mich der Achtung aller reinen und tüchtigen Geister meiner Zeit wert zu machen.

Möge mir verstattet sein, mich hier über einen Vorwurf auszusprechen, der da und dort dieser Dichtung gemacht wurde.

Man hat mir gesagt: daß Handlung wie einzelne Charaktere derselben nicht immer der strengen historischen Wahrheit entsprächen.

Inwieweit dies wirklich der Fall sei, hier zu untersuchen, würde den schicklichen Raum einer Vorrede übersteigen und eher in eine dramaturgische Abhandlung passen.

Was ich zu bemerken wünsche, kann also nur ganz allgemein und eine Ergänzung dessen sein, was ich mir in meiner Vorrede zum »Friedemann Bach« über den Begriff des Historischen beim Dichter zu äußern erlaubt habe.

Daß die ganze Natur, wie das Leben jedes einzelnen Dinges, der Mensch aber vor allem nach unabänderlichen Gesetzen oder Urideen wird, ist und vergeht, bestätigt sich um so mehr an dem Gesamtleben, der Geschichte unseres Geschlechts, als namentlich in ihr sich die höchste irdische Hoheit offenbart, die Gottähnlichkeit der Menschen am sichtbarsten ausprägt. Alles, was die Geschichte aufzuweisen hat, ist nur eine ewige Modifikation oder Variation dieser Urideen, die, an sich unvergänglich, in allen Begebenheiten und Charakteren abzuspiegeln das höchste Ziel des Dichters ist.

Die Geschichte selbst mit allen ihren Einzelheiten fällt allein dem wissenschaftlichen Forscher anheim. Seine Aufgabe ist es zu sagen, »was, wie und warum etwas geschehen ist«, und selbst das Warum ist schon ein neblicht Ding, dem sich der Historiker oft nur tappend nahen kann.

Der Dichter hat es mit der Geschichte als solcher nicht zu tun, er stellt aber die Uridee an und für sich, das geheime Gesetz, wonach alles geschieht, dar, und indem er schildert, wie sich dieses Gesetz unter allen Umständen an den Charakteren und Begebenheiten aller Zeiten vollzieht, dieselben also zu Vollstreckern des ewigen Willens macht, schreibt er

Geschichte im höheren idealen Sinne, nämlich die Geschichte Gottes auf Erden.

Hieraus folgt, daß sich der Dichter nur da verpflichtet halten darf, mit eiserner Strenge historisch zu sein, wo die Idee und deren Verwirklichung einander anerkanntermaßen so genau durchdrangen, daß sie als Eins darstellbar, die Gegensätze von Ideal und Wirklichkeit also aufgehoben sind. Das ist aber fast nie der Fall gewesen und Christus hiervon vielleicht die einzige Ausnahme.

Daß der wahre Dichter aber von den historischen Charakteren und Begebenheiten nie so weichen kann, daß er sie umstülpt und also ihre Stellung im ewigen Zusammenhang der Dinge vernichtet, werden ihm jene ewigen Urideen und Gesetze des Lebens, deren Hoheit er besingen will, selbst verwehren und ich hoffe, daß ich an ihnen nicht zum Frevler geworden bin.

Diese meine Ansicht stimmt mit denen aller bedeutenden Faktoren höchster Kunstblüte überein, und unter ihrem Einflusse habe ich mich nicht ohne schweren Kampf entwickelt.

Wenn ich mir nun bewußt bin, was ich will und soll, so bin ich mir in viel größerem Maße dessen bewußt, was mir zur Erreichung meines Strebens mangelt. Was wären die Ideale, wenn man sie erreichte?

Indem ich schließlich den freundlichen Leser bitte, diesem meinem Streben zuliebe meine Mängel nachzusehen, empfehle ich den »Narziß Rameau« seiner Gastfreundschaft, damit er nicht länger im Stalle der Frau von Soubise zu übernachten braucht, oder auf der Bank d'Argenson, »in lauen Sommernächten, wo er kein Bett hatte«.

Vorrede zur fünften Auflage

Die Einladung des Herrn Verlegers, diese neue Auflage meines »Narziß« mit einer Vorrede zu versehen, gebe ich um so bereitwilliger Folge, als ich mich dadurch des frohen Dankes gegen das deutsche Publikum erledigen kann, welches dem Werke seit mehr denn 21 Jahren seine unverminderte Liebe bewahrte.

Wie alles Geschaffene hat auch »Narziß« seine Geschichte, und ich glaube der bisherigen Schicksale des Stückes hier erwähnen zu dürfen. Möge die Darstellung derselben zugleich denjenigen Lesern als Gedenkblatt dargeboten sein, welche ihre Teilnahme für das Werk auch auf den Verfasser übertrugen.

An dies Drama knüpfen sich die schönsten und traurigsten Stunden meines Lebens und deshalb schon ist es mir ein alter unwandelbarer Freund geworden, der in meinem Herzen immer wieder Erinnerungen auffrischt, welche nur mit meinem Leben erlöschen können!

Die Idee zu »Narziß«, durch den bekannten Diderotschen Dialog: »Rameaus Neffe« von Goethe hervorgerufen, hat sich in mir innerhalb der Jahre 1852–1854 groß gezogen und die ersten ganz flüchtigen Szenenskizzen entwarf ich in dem Kaltwasserbade Görbersdorf im Riesengebirge. – Mit meiner Frau nach Berlin zurückgekehrt, wurde ich Sekretär des Krollschen Theaters und beendete nunmehr die Vorarbeiten zum »Narziß« bis September 1854; die Dichtung selbst wurde bis zum Schlusse des vierten Aktes etwa gegen Ostern 1855 gefördert. Durch frühere obwohl meist unaufgeführte Bühnenarbeiten verschiedenen Theatervorständen bereits bekannt, lernte ich in meiner damaligen Stellung diese Herrn persönlich kennen und Franz Wallner brach zuerst in der Öffentlichkeit für mein Talent eine Lanze. Das Manuskript des »Narziß«, ohnehin nur ein unfertiger Entwurf, kannte nur meine Frau und der mit mir engagierte, bald nachher gestorbene Schauspieler Desloges. – Durch die damals über die Direktion des Krollschen Theaters hereinbrechende Katastrophe wurde ich mit dem gesamten Bühnenpersonale plötzlich brotlos, von Vollendung des Werkes konnte unter solchen Umständen mithin keine Rede sein. Da ist es denn *Dr.* B. Wolff, Besitzer der Nationalzeitung, gewesen, welcher, durch *Dr.* Titus Ulrich, damals Kritiker der Zeitung, aufmerksam gemacht, mich an seinem Telegraphenbureau mit der Nebenbedingung anstellte, mein Drama für die Bühne zu beenden. Das poetische Embryo erhielt nunmehr Leben und im allgemeinen die Gestalt, in welcher die Dichtung dem Publikum bekannt ist. Vollendet wurde sie von mir in der ersten Hälfte des Jahres 1855 und der Königlichen Generalintendanz eingereicht. – Um Michaeli 1855 wurde »Narziß« vom Hoftheater angenommen! – Indes schien meine einzige Hoffnung, die endliche Aufführung desselben, sich nicht erfüllen zu sollen! – Am Weihnachtstage wurde mir durch den Direktor Philipp Düringer eröffnet: »es seien so ernste Bedenken gegen das Stück laut geworden, daß betreffs Zulassung desselben erst eine königliche Bestimmung eingeholt werden müsse!« So stand ich denn – vor dem Nichts! – Dem Vorleser Sr. Majestät, Geheimen Hofrat L. Schneider, welchem die Unterbreitung der Angelegenheit oblag, ist es allein zuzuschreiben, daß alle Einwände beseitigt und »Narziß« alsbald einstudiert wurde, ihm zunächst also verdankte ich mein ferneres literarisches Geschick!!

Erst während des Einstudierens des »Narziß« machte ich Ludwig Dessoirs Bekanntschaft. Die erste Darstellung des Werkes fand am 7. März 1856 statt. – Bemerken muß ich hierbei, daß nach der ersten Vorstellung der ursprüngliche Schluß der Dichtung von mir auf den Vorschlag Dessoirs, des Hofrat *Dr.* Förster und Prof. Roetscher so geändert wurde, wie er jetzt ist. Nur die Bühne zu Karlsruhe hat auf

Eduard Devrients lebhaften Wunsch den alten Schluß beibehalten, welchen ich indes nicht für den wirksameren halte.

Mehr denn 21 Jahre sind seit dieser ersten Aufführung verflossen und die Künstler des Königlichen Hoftheaters, welche in »Narziß« geglänzt haben, wallen als lichte, liebenswürdige Schar an meinem inneren Auge vorüber; allen denen aber, welche schon die Erde deckt, ist mein herzliches Andenken geweiht! – Die Titelrolle hat während dieser Reihe von Jahren nur zwei Hauptvertreter gehabt, Ludwig Dessoir und Richard Kahle. – Welch ein »Narziß« Dessoir gewesen, ist zu erörtern überflüssig. Er war es so sehr, so ganz und vollendet, daß mir selber dreist ins Gesicht behauptet wurde, die Rolle sei Dessoir von mir »auf den Leib geschrieben!« Aus dem Gesagten erhellt, daß man hierüber im Irrtume war. Doch mit »Narziß« ist Dessoir von der Bühne geschieden, und was es für ein schmerzlich-tragischer Abschied gewesen ist, das dürfte den älteren Mitgliedern des Hoftheaters ebenso wie mir unvergeßlich sein! Dessoirs Beliebtheit, seine Mustergültigkeit als erster Gestalter des »Narziß« war so groß, daß nach ihm mehrere Jahre niemand gewagt hat, ihm die Rolle auf dem Berliner Hoftheater nachzuspielen; mit seinem Rücktritt von demselben schien das Drama für immer begraben! – Richard Kahles Verdienst ist dessen Wiederauferstehn! Er nahm, in geistvoller Auffassung seiner besonderen, höchst schwierigen Aufgabe, die Rolle wesentlich anders als sein Vorgänger, gewann ihr neue Seiten ab und setzte dieselbe und das Drama mit siegreicher Gewalt wieder in seine alte Gunst beim Publikum ein. Möge es mit ihm mich lange überleben!!

»Marquise de Pompadour« weist hingegen eine ganze Reihe Darstellerinnen auf, einen Kranz geistvoller, schöner und liebenswürdiger Frauen, deren Erscheinungen mir immer neu vor der Seele stehen. Die beiden ersten Darstellerinnen der Rolle, in heißem Wettstreite um den Beifall ringend, waren Frau Klara Liedtke-Hoppe und Fräulein Viereck.

Letztere starb indes nur zu bald und ihr letzter Stolz ist die »Pompadour« gewesen. Fräulein Birch, nunmehr Frau von Hillern, noch mehr Frau von Bärndorf gastierten inzwischen mit größter Anerkennung in derselben. – Nach Klara Liedtkes Tode war Frau Jachmann-Wagner eine ausgezeichnete Vertreterin der Rolle, seit Jahren ist es nun mit außerordentlichem Beifalle Frau Ehrhartt (Gräfin Goltz.) Welchen Liebreiz Lina Fuhr der »Doris Quinault« verliehen, ist wohl noch in vieler Gedächtnis; Fräulein Meyer wurde deren empfindungsvolle Nachfolgerin.

Am 2. September 1874 feierte unter Leitung des technischen Direktors Julius Hein in den Hauptrollen mit Richard Kahle, Frau Ehrhartt und Fräulein Meyer der »Narziß« seine hundertmalige Vorstellung auf dem Berliner Hoftheater! – Meine teure Frau hat dieselbe und die mir widerfahrene Ehre und Anerkennung nicht mehr erlebt; sie – die so sehr mit dem Ursprung und Geschick des Werkes verknüpft gewesen, war mir schon den 12. November 1872 entrissen worden, mit ihr meines Lebens allerschönster Teil! Meine Tochter beging mit mir diesen Tag allein! – – Von den Mitgliedern, welche am hundertsten Vorstellungstage des »Narziß« mitwirkten, sind nur zwei in allen Aufführungen in derselben Rolle aufgetreten, Berndal als »Choiseul« und Lichterfeld als »Silhouette«; Tod, Krankheit und Abgang von der Bühne ließen die übrigen Rollen zahlreich wechseln. Der alte Geist ist aber den Darstellungen wie der Künstlerschaft Berlins verblieben, mit ihm der alte Beifall!

Es gibt wohl kaum ein stehendes deutsches Theater, welches das Stück nicht aufgeführt hätte; alle größeren Bühnen haben Narziß noch heute auf dem Repertoir. – Am Hofburgtheater, das sich unter Laube erst – sehr spät entschloß, dem Stücke seine Hallen zu öffnen, sind als Narziß der verstorbene Joseph Wagner, nunmehr Sonnenthal – als Pompadour in nahezu höchster Vollendung aber Frau Therese Gabillon zu nennen. Zu Dresden spielten Davison und Emil Devrient die Titelrolle, Fräulein Pauline Ulrich hat noch die Pompadour inne. Zu München sich noch heute Possart und Klara Ziegler in den Hauptrollen rühmlichst aus.

Auch das Ausland machte sich »Narziß« gehörig zunutze. In Italien brachte ihn Madame Ristori als *»il Daniele«,* in Amerika und England Mister D. Bandmann durch zahlreiche Darstellungen zu großem Rufe, ohne daß ich indes je einen reelleren Lohn meiner Arbeit als – schöne Worte – genossen hätte; in Rußland wurde er auch vielfach gegeben. – Durch den »Narziß« und seine vielfachen herzlichen Erinnerungen bin ich mit Berlin, meiner zweiten Heimat, mit dem Königlichen Hoftheater, vor allem mit dem Manne verknüpft, unter dem sich die Lebensgeschicke des Werkes zutrugen und welcher mir seine edle Zuneigung zu allen Zeiten bewahrte, Herrn Generalintendant von Hülsen, Exzellenz. Ihm gebührt mein letztes und wärmstes Wort des Dankes!!

Dem lesenden Publikum ist das Drama Johanni 1857 zuerst im Verlage des Herrn H. Costenoble übergeben worden, und ich vereinige mich mit ihm in dem Wunsche, daß der Dichtung auch ferner eine Stätte im Hause und im Herzen des deutschen Publikums gesichert bleibe.

Berlin, im Januar.1878.

A.E. Brachvogel.

Personen

Maria Leszczynska, Königin von Frankreich, Gemahlin Ludwigs XV.

Ludwig Franz von Bourbon, Prinz von Conti, Großprior des Malteserordens.

Marquise de Bouffleurs, Hofdame der Königin.

Marquise de Pompadour, Palastdame.

Marquise d'Epinay, deren Vertraute.

Herzog von Choiseul-d'Amboise, Graf Stainville, Premierminister.

Abbé Cerray, Minister des Innern, Jesuit, Beichtvater des Königs.

Marquis Silhouette, Finanzminister.

Maupeou, Kanzler.

Graf Dubarry, Kammerherr des Königs.

Eugène de Saint-Lambert, Kapitän der Nobelgarde.

Demoiselle Doris Quinault, Schauspielerin am Théâtre français. Vorleserin der Königin.

Baron von Holbach
Grimm
Diderot, Philosophen der Enzyklopädie.

Chevalier Salvandy, erster Kavalier, Ludwigsritter, im Dienst
der Marquise de Pompadour.

Narziß Rameau.

Barjac, Holbachs Kammerdiener.

Colette, das Kammermädchen Quinaults.

Zwei Pagen
Vier Kammerdiener, im Dienst der Marquise de Pompadour.

Ein Kammerdiener der Königin.

Ein Diener Choiseuls.

Erster und zweiter Soldat der Nobelgarde.

Gäste und Diener Holbachs. Herren und Damen des Hofes.
Damen der Königin. Diener. Nobelgardisten.

Ort der Handlung: Abwechselnd Paris und Versailles.
Zeit: 1764.

Erster Aufzug

*Paris 1764. – Salon des Baron von Holbach Nachmittag.
Eleganter Gesellschaftssaal im Stil des Zeitalters. In der Mitte
und rechts nach dem Hintergrunde zu eine Tür. Links nach
dem Beschauer ein prächtiger Kamin. Rechts nach dem Vordergrunde ein Fenster. Vor dem Kamin, um eine Tafel, welche
mit Globen, Landkarten und Büchern bedeckt ist, etwa acht
Sessel. Am Fenster ein Sessel. Im Hintergrunde ein Tisch zum
Servieren des Tees.*

Erster Auftritt

*Wie der Vorhang aufgeht, läßt sich eben Frau von
Epinay, die ganz erschöpft angekommen, auf einen Sessel
nieder. Barjac steht ängstlich vor ihr.*

BARJAC. Ich will doch den Herrn Baron benachrichtigen.
– *Er will nach rechts.* –
EPINAY *hastig.* Nein, nein! Nicht um die Welt, Barjac! –
Ist Chevalier Grimm hier?
BARJAC. Ja, gnädige Frau.
EPINAY. O, bitten Sie ihn gleich zu mir, aber nur ja ohne
Ostentation! *Sie drückt ihm Geld in die Hand.*
BARJAC *verbeugt sich und will nach rechts ab.*
EPINAY. Noch ein Wort! Ist die Gesellschaft im Bibliothek-
zimmer?
BARJAC. Ja, Frau Marquisin. Nur Herr Diderot und ich
denke – auch Mademoiselle Quinault fehlt noch.
EPINAY *winkt ihm zu gehen.* Gut, gut!
BARJAC *geht rechts ab.*

EPINAY. Noch kann ich meiner Aufregung nicht Herr werden. – O, wie blaß sie aussah! – Wenn sie sterben würde, wären wir verloren. Ihr Ruhm war der unsrige!

GRIMM *gefolgt von Barjac von rechts.*

Zweiter Auftritt

Die Vorigen. Grimm. Barjac.

EPINAY. Gott sei Dank, daß Sie da sind, Melchior! – Es gehen schreckliche Dinge vor! –

GRIMM *frappiert.* Was sagen Sie, meine Schöne? – Wahrhaftig, Sie sehen ganz verwirrt aus! *Er küßt ihre Hand.* – Welch geheimer Kummer?

BARJAC *geht mißtrauisch nach beiden schielend inzwischen durch die Mitte ab.*

EPINAY *sich nach Barjac umsehend.* O, kein geheimer – es wird bald ein öffentlicher Kummer für alle die sein, welche sich die Freunde der Marquise de Pompadour nannten!

GRIMM. Ich erschrecke! – Was ist denn vorgefallen? – Sie ist zwar schon lange leidend, aber man hoffte –

EPINAY *einfallend.* Leider ist nicht mehr viel zu hoffen, denn seit gestern trat ein ganz anderes Übel bei ihr auf, das sie binnen kurzem aufreiben muß und den Ärzten ganz unbegreiflich ist. Ihr Leibarzt erklärte, jede Erregung sei ihr Gift – sie müsse wie ein Kind behandelt werden, denn ein außerordentlicher Schreck würde ihrem Leben leicht ein Ende machen.

BARJAC *wird mit dem Kopfe durch die Mitteltür sichtbar.*

GRIMM. Ich bin sprachlos! – Aber wie ist das möglich? – So plötzlich, so aus der Luft? – Wissen Sie das ganz genau?

EPINAY. Mein Gott, ich komme ja soeben von ihr! Heute früh erfuhr ich's durch ein Billett Maupeous, warf mich in den Wagen und eilte nach Versailles. – Ach, dieser Anblick! – Die einst so blendende Frau geknickt, gebrochen! – Ich sage Ihnen, ein einziger Schreck, nur eine Nervenerschütterung, Melchior, und sie ist nicht mehr!

GRIMM. Eh! Wenn es so mit ihr steht, werden wir wohltun, uns nach einer anderen Sonne umzusehen.

EPINAY. Doch wohin uns wenden?

GRIMM. Stirbt Madame de Pompadour, so kann die Königin und ihre Partei die Oberhand gewinnen; – was dann aus uns wird, ist leicht zu erraten. Oder das Parlament und die Enzyklopädie läuft jenen den Wind ab, und es gibt eine große Reform. Das wäre ebenso schlimm, denn meine Herren Philosophen fangen an, mir ihre Freundschaft zu entziehen und sich nach Rousseaus sentimentalen Tugendpredigten zu sehnen. – Ich meines Teils bin dieser Schulmeisterseelen müde.

BARJAC *der sich zurückgezogen, wird wieder sichtbar, so oft sich einer der Sprechenden wendet, verschwindend.*

EPINAY. Darum habe ich inzwischen leise mit Abbé Terray angeknüpft, um für jeden Fall allen Situationen bei Hofe die Stirn zu bieten. In einer Viertelstunde werde ich erfahren, was mit ihm auszurichten ist.

GRIMM. Das ist gut! Eilen Sie sogleich hin. – Man muß ihm zu verstehen geben, daß man der Gesellschaft Jesu doch einmal zur Rehabilitierung nützlich sein könnte.

EPINAY. Nur einen Augenblick, Melchior, bis ich meine Erschöpfung überwunden!

GRIMM *der sich sorgfältig umgesehen.* Ich möchte um aller Welt nicht, daß man eine Silbe unseres Gesprächs erführe. Sie wissen, wir stehen auf schwankem Grund und Boden. – Aber ich kann diese plötzliche Krise bei Madame de Pompadours zäher Natur nicht begreifen. Sagen Sie, was kann die Veranlassung gewesen sein?

EPINAY. Ein tiefes Geheimnis, das man vielleicht nur mit eigener Gefahr für sich selbst lüften kann.

GRIMM. Wie so?!

EPINAY. Wir sind allein, die Gesellschaft ist im Bibliothek-zimmer – hören Sie denn. – Gestern früh fuhr Madame de Pompadour auf Anraten des Arztes in Begleitung Maupeous und der Madame de Tencin nach Paris, um das ägyptische Kabinett des Grafen Caylus zu besichtigen. – Sie wissen, wie selten, schon der Königin wegen, die Marquise nach Paris kommt. – Sie war, wenn auch matt und angegriffen, doch ziemlich heiter und betrachtete sarkastisch die Gruppen der Leute auf dem Boulevard du Temple. Plötzlich schrie sie wie wahnsinnig: »Narziß, Narziß!« – fiel in Konvulsionen und wurde mit genauer Not bis ins Hotel Choiseul gebracht, von wo sie später nach Versailles fuhr. Von diesem unglückseligen Augen-blick an datiert sich ihre Nervosität, ohne daß es jeman-dem gelang, den wahrscheinlichen Urheber derselben zu ermitteln. Ihr Zustand ist beklagenswert!

GRIMM. Ich gäbe Unendliches darum, die Ursache zu kennen, die dieses kälteste aller Weiber, die Meisterin aller Verstellungskunst aus den Fugen getrieben. Doch gleich-viel, wenn sie nur so lange lebt, bis ihr letzter stolzester Plan ausgeführt, bis der König und die Königin getrennt und die schlaue Marquise ihm an die linke Hand getraut ist. – Wie weit gedieh diese Angelegenheit?

EPINAY. Die Dispensation des Papstes ist vorgestern in der Stille angelangt. Dem Dauphin ist die Thronfolge gesichert, sie behält die königlichen Ehren; – wenn sie also unter-schreibt, begeht sie einen Privatakt. Unterschreibt sie nicht, so dürfte ihr Budget noch schmäler werden, als es schon ist.

GRIMM. Nun, eine Baronie, eine lukrative Stelle wäre uns dann gewiß, und man könnte ruhiger dem Wechsel der Intrigen zusehen. Aber was zögern Sie? Gehen Sie, Sie haben sich genügend erholt – man könnte mich in der Gesellschaft zu lange vermissen.

EPINAY *aufstehend und zärtlich zu ihm hintretend.* Melchior, wir müssen jetzt inniger denn je verbündet sein. – Warum entziehen Sie sich mir seit einiger Zeit? – Bin ich Ihnen denn so ganz gleichgültig geworden?

GRIMM. Sie sind sehr naiv, liebe Marquise!

EPINAY. Welche Veranlassung habe ich Ihnen denn zu dieser Kälte gegeben?

GRIMM. Sie werden immer naiver. Nun, ich will mich Ihrem Verhöre stellen und jede Strafe, die Sie mir diktieren werden, annehmen – wenn wir *mehr* Zeit zu solchen Kindereien haben werden. *Er schellt.*

BARJAC *kommt durch die Mitte.*

Dritter Auftritt

Die Vorigen. Barjac.

EPINAY. O, ich verstehe! Herzlos wie immer!

GRIMM *zu Barjac.* Eh, den Wagen für Madame!

BARJAC. Zu Befehl! *Er eilt voran.*

GRIMM *Epinay den Arm bietend.* Sie erlauben, Frau Marquisin? *Sie zur Mitteltür führend.* – Also zu dem Abbé. Ich erwarte Sie bald zurück.

EPINAY UND BARJAC *durch die Mitte ab.*

GRIMM *zurückkommend, spöttisch.* Die Gute wird mit ihren Liebesbeweisen nachgerade langweilig – und doch kann ich sie nicht so ganz vernachlässigen; ich bedarf noch ihres Einflusses. – Aber sowie ich nur von der Philosophie loskomme und in den Dienst der Zarin getreten bin, soll mir diese Schöne keine Skrupel mehr machen. *Er tut einige Schritte.* – Eh, es ist gar nicht übel, wenn man den Vorhof der Weltweisheit, in dem Diderot, d'Alembert, Helvetius und alle diese guten Seelen noch herumkriechen, überschritten und das Heiligtum der absoluten Wahrheit, den

Kern jeglicher Philosophie, den Hebel des Weltalls begriffen hat: *das persönliche Interesse.* – *Pause.* – Eh, die Zarin wird Augen machen, wenn sie unsere neuesten Nachrichten hört! *Er geht rechts ab.*

BARJAC *vorsichtig durch die Mitte eintretend, hält ein Blatt Papier und einen Bleistift in der Hand.*

Vierter Auftritt

Barjac allein.

BARJAC. Dies Gespräch war ja ein unschätzbarer Fund! – Nun, Mademoiselle Quinault bezahlt mich auch gut und hat meine Tochter ans Théâtre français gebracht. Ich bin ihr Schuldner, und sie soll sehen, daß ich mit Zinsen zurückzuzahlen verstehe. *Er horcht.* Sollten sie schon kommen? *Er lauscht rechts an der Tür.* Nein, man ist noch im Gespräch! – Gut, bis der Tee serviert wird, bin ich ungestört. Ich eile, die Notizen für Demoiselle zu Papier zu bringen – eine Hand wäscht die andere! *Er geht ab durch die Mitte.*

BARON VON HOLBACH, DORIS QUINAULT UND SAINT-LAMBERT *von rechts.*

Fünfter Auftritt

Baron von Holbach. Doris Quinault. Saint-Lambert.

QUINAULT *im Gespräch.* Ich versichere Sie, Baron, es schwebt ein neues Gewitter in der Luft von Paris, man weiß nur nicht, wo's diesmal einschlagen wird. Haben Sie gesehen, wie sonderbar sich Grimm benahm? Auch die Epinay, die sonst nie fehlt, sehe ich heute nicht. Auf mein

Wort, es geht in Versailles etwas vor, ich betrüge mich nicht.

HOLBACH. Kein Wunder, daß die Vertraute der Königin einen feinen politischen Instinkt hat. Nun, was dort vorgeht, wird man, denk' ich, zeitig genug erfahren. Da aber von Grimm die Rede ist, muß ich nun doch wohl eingestehen, daß er nachgerade auch mir lästig zu werden anfängt. Seit Rousseau fort ist, maßt er sich eine dogmatische Suprematie an, die täglich drückender wird. Jean-Jacques mag so schroff und mißtrauisch sein, wie er will, er ehrt doch das Recht der freien Meinung überall.

QUINAULT. Und das liebe ich eben! Es ist gewiß, daß man bei ihm weniger Gefahr läuft, seine Individualität zu verlieren, als bei Grimm, der alles mit seiner Allwissenheit verschlingen will.

LAMBERT. Das habe ich Holbach längst gesagt, aber er und Diderot wollten nicht hören; nun folgt die Strafe.

QUINAULT. Daß er jetzt sogar Rousseau öffentlich schmäht, da er im Exil ist und sich nicht verteidigen kann, ist eine Erbärmlichkeit. Beobachten Sie ihn nur! Obgleich Madame de Pompadour kränklich ist, kann sie bei der Schwindsucht lange genug leben, um dem Liebhaber ihrer treuen Epinay eine Stellung zu geben, in der er den Philosophen wegwirft und die Philosophie verfolgt.

HOLBACH. Ich denke doch, schöne Doris, Sie sehen bei ihm zu schwarz, zu parteiisch. – Apropos, was spricht man sonst Neues in der Stadt?

LAMBERT. O, nicht viel, einige Liederlichkeiten aus Versailles abgerechnet. Die Generation tanzt Menuett auf ihrem Grabe, und die klugen Leute warten ab, die allgemeine Taktik der Parteien.

QUINAULT. O, daß man warten muß! – Ist das Jahrhundert denn nicht entwürdigt genug, soll man abwarten, bis es noch entarteter wird? Ich möchte wohl wissen, was die Teile gewinnen können, wenn das Ganze zugrunde geht?!

HOLBACH. Um Gottes willen keine historischen Seifenbla-
sen! Die Menschheit ist unsterblich, das ist mein Trost.
Er sieht nach der Uhr. Doch wir haben lange genug auf
Diderot gewartet, es ist Zeit, die Gesellschaft zum Tee zu
bitten. *Er klingelt.*
LAMBERT. Und habt ein Auge auf Grimm!
BARJAC *kommt durch die Mitte.*

Sechster Auftritt

Die Vorigen. Barjac.

HOLBACH. Lassen Sie den Tee bringen, die Gesellschaft
mag eintreten.
BARJAC *geht rechts ab.*
MARQUISE EPINAY *durch die Mitte.*

Siebenter Auftritt

Die Vorigen. Marquise Epinay.

EPINAY. Da bin ich endlich! – Habe ich viel versäumt,
meine Lieben?
HOLBACH. Da Sie immer bei *sich* sind, versäumen Sie nie
etwas, schöne Frau. – Wir sind vollzählig bis auf Diderot.
Die Götter mögen wissen, wo er bleibt. Er wird uns die
versprochene Vorlesung, wie es scheint, schuldig bleiben.
GRIMM, MARQUISE DE BOUFFLERS UND GESELL-
SCHAFT *von rechts.*
BARJAC UND DIENER *welche Tee bringen, durch die Mitte.*
HOLBACH, SAINT-LAMBERT UND QUINAULT *treten
nach links und unterhalten sich.*

DE BOUFFLERS UND EINIGE AUS DER GESELLSCHAFT *bilden eine Gruppe im Hintergrunde.*
GRIMM *grüßend zu Epinay.*
EPINAY *tritt nach rechts.*

Achter Auftritt

Die Vorigen. Grimm. Marquise de Boufflers. Barjac.

EPINAY *während sie dem eintretenden Grimm entgegengeht, zu Holbach.* Ach, das ist schade! *Sie verneigt sich gegen Grimm und läßt sich auf dem Sessel am Fenster nieder.*

GRIMM *rasch, halblaut.* Haben Sie etwas bei dem Abbé ausgerichtet?

EPINAY *ebenso.* Er traut uns nicht recht, doch er wird zahm werden. Vorsichtig, man beobachtet uns.

GRIMM. Sie haben mich doch nicht vorgeschoben?

EPINAY. Grimm, was denken Sie?

GRIMM. Nichts, als daß Sie eine – Frau sind *Laut, zur Gesellschaft gewendet.* Nun, meine Herrschaften, ich dächte, wir gäben die Gruppenunterhaltung auf und trügen zusammen, was jeder Neues hat.

HOLBACH. Der böse Diderot, er wollte ein neues Manuskript des Destouches lesen und läßt uns nun im Stich!

DIDEROT *durch die Mitte.*

Neunter Auftritt

Die vorigen. Diderot.

HOLBACH *deutet auf Diderot.* Lupus in fabula. *Zu ihm.* Sie Treuloser!

Allgemeine Bewegung.

DIDEROT *sich verneigend.* Meine Reverenz! Schon lange beisammen?

LAMBERT. Gewiß, Sie Worthalter!

DIDEROT *zur Gesellschaft.* Ich muß mein Zuspätkommen entschuldigen. Ich wurde aufgehalten im Café Prokop und habe zu viel gehört, um nicht von Ihnen Verzeihung zu erhalten, wenn ich beichte.

ALLE *durcheinander.* Was sagt er? – Laßt hören! – Ei, erzählt doch! *Sie umgeben ihn.*

DIDEROT. O, Sie ersticken mich ja! – Aber das Neueste ist, daß Marquise de Pompadour seit gestern früh sehr bedenklich erkrankt ist.

Allgemeine Überraschung.
Kurz nacheinander.

HOLBACH. Wissen Sie das gewiß?

BOUFFLERS. Wär's möglich?

GRIMM *für sich.* Eh, es ist schon publik!

QUINAULT. O, wenn das wahr wäre!

EPINAY *leise zu Grimm.* Wer kann es verraten haben?

DIDEROT. Ich setze mich selbst zum Pfande, daß es so ist!

LAMBERT. Aber woher die Nachricht? – Und davon wüßten Sie nichts, Frau Marquise?

EPINAY. Ich war unwohl und seit drei Tagen nicht in Versailles. Ich bezweifle die Nachricht.

QUINAULT. Und sie ist verbürgt?

DIDEROT. Ja, soweit eine indirekte es überhaupt sein kann. Ich habe sie aber von jemand, dessen Geschäft es ist, alle Geheimnisse und Skandalosa von Paris auszuwittern.

QUINAULT. Wer ist das?

DIDEROT. Der erbärmlichste und vielleicht genialste Mensch in Frankreich, der größte Narr seiner Zeit – Narziß. – Ich habe Narziß gesehen.

LAMBERT *lacht*. Ah so? Der kann es wohl wissen.

HOLBACH. Wahrhaftig, kein übler Gewährsmann!

EPINAY *erstaunt*. Um Gottes willen, Narziß?

GRIMM *ebenso*. Narziß? – Mein Himmel, wer ist denn das?

DIDEROT. Wahrhaftig, so kann nur jemand fragen, der in so exklusiver Luft lebt, wie Frau von Epinay und Grimm. Welcher Pflastertreter der Residenz kennt nicht das Ideal aller Gamins, den Neffen des großen Rameau, wer kennt nicht Narziß?

BOUFFLERS. Ah, ich erinnere mich, von ihm gehört zu haben, es soll eine possierliche Art von Mensch sein.

LAMBERT. Wünschen Sie ja nicht seine Bekanntschaft zu machen!

EPINAY. O, nun fällt mir ein, man hat von ihm einmal in Versailles Drolerien erzählt. Kann man dies Wundertier nicht sehen, lieber Diderot?

GRIMM *leise*. Vorsichtig. *Laut*. Eh, wenn es Ihnen Spaß macht. – Wo trifft man das Individuum?

DIDEROT. Überall, wo Sie wollen. Doch ich denke, er muß hier vorüberkommen *Er tritt zu Epinay ans Fenster*. er wollte zu den Buffonis in die Oper. *Er zeigt auf die Straße*. Sehen Sie, da ist er schon!

QUINAULT *tritt zu Diderot, auf die Straße blickend*. Der dort ist's an der Ecke, nicht wahr?

DIDEROT. Gewiß! Sehen Sie nur, er liest die Affichen. Sie kennen ihn also, meine Zaire?

QUINAULT. Ach so obenhin, aber mir ist eine Anekdote mit ihm begegnet. – Ich interessiere mich für ihn und weiß selbst nicht recht, warum. Seinen Namen höre ich heut zum erstenmal.

HOLBACH *in komischem Erstaunen aufstehend.* Sie interessieren sich für Narziß? – Sie? – Das wäre! Für einen unverbesserlichen Taugenichts von vierzig Jahren?

QUINAULT. Ach, danach frag' ich wenig. Aber denken Sie nur, wie ich ihn kennen lernte. Seit längerer Zeit bemerkte ich ihn nämlich hinter den Kulissen im Theater, auf einem Stuhl, steif wie ein Mondsüchtiger. Vorige Woche spielte ich die Rodogune und ich denke, nicht übel. – Als ich in die Garderobe treten will, sagt er zu mir: »Sie spielen wirklich passabel, Kind, aber Sie würden besser spielen, wenn Sie die Rodogune wären!« – Ich drehte mich betroffen um – da sah er mich mit so großen brennenden Augen, so übermenschlich, möchte ich sagen, an, daß ich ganz verlegen war. – »Nur nicht verblüfft«, lachte er, »denen im Parterre gefällt's ja, was geht Sie mein Urteil an?« und fort war er.

DIDEROT. Wenn sich seine Keckheit nicht mehr erlaubte, wär' er gar nicht so schlimm, aber – *Er sieht wieder aus dem Fenster.* Nun steht er gegenüber. Jetzt können Sie ihn genau sehen!

EPINAY UND QUINAULT *sehen hinaus.*

DIDEROT. Nicht wahr?

EPINAY. Sehr gut.

QUINAULT. Er ist es!

EPINAY *zu Grimm tretend, leise.* Unmöglich, ihn kann die Marquise nicht gemeint haben – aber sprechen möcht' ich ihn doch.

QUINAULT. Bitte, bitte, lieber Diderot, lassen Sie mich das Original in der Nähe sehen!

EPINAY *hastig.* Ich auch!

HOLBACH *lachend.* Nun, mein Gott, wir lassen ihn heraufkommen!

ALLE *lachend, durcheinander.* Ach ja!

LAMBERT. Daß wir uns amüsieren, dafür stehe ich.

DIDEROT. Wenn Sie aber von seiner Indelikatesse beleidigt werden, ich wasche meine Hände in Unschuld. Barjac, kommen Sie her.

BARJAC *tritt zu ihm ans Fenster.*

DIDEROT. Sehen Sie jenen Mann im defekten Rock am Putzladen der Duchapt?

BARJAC. Zu Befehl.

HOLBACH. Bitten Sie ihn herauf.

DIDEROT. Zu mir, sagen Sie!

BARJAC *geht durch die Mitte ab.*

BOUFFLERS. Ich fürchte, man kompromittiert sich mit ihm.

LAMBERT. Die schöne Welt wird staunen, daß –

DIDEROT *einfallend.* O, gar nicht! – Ist es denn außerordentlich, einen Papageien zu halten? – Und er ist der Papagei der Pariser Gesellschaft, ja der Papagei unseres tollen Jahrhunderts. – Da kommt er schon!

ALLE *wenden sich nach der Tür, so daß die Mitte frei bleibt.*

NARZIß *durch die Mitte.*

Zehnter Auftritt

Die Vorigen. Narziß.

NARZIß *kommt, wie abwesend vor sich hinstierend, langsam nach vorn und singt parlando vor sich hin.*

»Ich bin ein armer Geselle,
Bin ein verblendeter Tor,
Gleiche der schwankenden Welle,
Die sich am Strande verlor!«

Er klatscht. Bravo, bravo! Wahrhaftig unvergleichlich! Das ist doch noch Musik, Donnerwetter!

DIDEROT *zu ihm tretend.* Ah, Ihr singt die schöne Arie aus dem Dorfwahrsager.

NARZIß *wie erwachend.* Jawohl! – Ja! – Nicht wahr, sie ist schön? – Sehr schön! – Ich summte sie eben im Kopfe, und so bin ich hereingekommen, ich weiß nicht wie. Eine himmlische Musik! – Apropos, ich vergaß Euch zu fragen, was Ihr wollt.

DIDEROT *sich zur Gesellschaft wendend.* Ei, ich will Euch diesen Herrschaften vorstellen, man wünscht Euch hier kennen zu lernen.

NARZIß *erstaunt.* Aha! – Soll das Schmeichelei sein? – Haha, mich, Diderot?

DIDEROT. Nun, Ihr seid doch immer eine Kuriosität, die man sich einmal ansieht. Lange hält's natürlich keiner mit Euch aus! *Zur Gesellschaft.* Meine Herren und Damen, das ist Narziß Rameau, der ausbündigste Narr Frankreichs.

NARZIß. Der Welt, Herr, wollt Ihr sagen! – Aufzuwarten! – Ich bin so eine Art Universalnarr, in dem alle übrigen aufgehen. Wer mich sieht, sieht sich im Spiegel; sehen Sie mich recht an, meine Verehrten! *Zu Quinault.* Ah, Mademoiselle Quinault, unsere Rodogune, unsere Merope! – *Zu Holbach und Grimm.* Ih, und da sind auch die stolzen Pfeiler der Enzyklopädie! – *Er verneigt sich.* Meine tiefste Ehrfurcht! Ich würde euch gern eine Vorlesung über die Weltseele oder die Atome halten, Serenissimi, daß euch der Kopf summen sollte, aber ich habe kein Geld zu einer Allonge!

DIDEROT. Schadet nichts, versucht's mit uns ohne das.

NARZIß *setzt sich links zu Holbach und Diderot an den Tisch.* Die Philosophie? Die ist ein reines Unglück, besonders die Enzyklopädistik.

HOLBACH. Was Ihr da sagt, Freund, ist wohl eine Grobheit, aber kein Beweis!

NARZIß. Was, ich soll Beweise führen? – Bin ich ein Gelehrter? – Ich bin Narziß Rameau, ein Nichts von einem Menschen und hab' mich mein Lebtag nie auf Fachstudien eingelassen. Die arme Philosophie, was sie sich quälen muß! – Sie erforscht logisch den Geist und kommt dabei logisch – auf die Materie, dann erforscht sie logisch die Materie und gerät logisch – auf den Geist. Hahaha! der Geist und die Materie sind die zwei Bündel Heu, zwischen denen die liebe Weltweisheit steht.

Bewegung in der Gesellschaft.

LAMBERT. Ihr seid ein geistreicher Schuft, bei Gott, und taugtet genau zu einem Rezensenten, etwa beim »Mercure de France« oder beim »Observateur littéraire«. Ich möchte den Schriftsteller kennen, den Ihr ungerupft ließet.

NARZIß. Deinen, der einer ist, natürlich!

HOLBACH. Den Schriftsteller, der keiner ist? – Mir scheint, Ihr brilliert gern in Paradoxen?

NARZIß. Ach, das scheint nur so. – Nur solche Leute, wie ich, finden Gnade bei mir, zum Beispiel Rousseau.

QUINAULT. Also Rousseau?! – Und wie ist denn ein Schriftsteller, der keiner ist?

GRIMM. Eh, der schwatzt Unsinn!

NARZIß. Seht, Grimm hat's getroffen! Nur immer absprechen, Herr, das ist eine gar bequeme Arbeit, die wenig Hirnschmalz kostet. – – Schriftsteller, die keine sind, sind Menschen, die nichts schreiben wollen – Träumer, Verrückte, verkommene Menschen mit erquetschten Herzen, die als Schaum auf dem stagnierenden Sumpfe der Pariser Gesellschaft schwimmen, wie ich; – Leute, die von wer weiß was leben, nur nicht von Schriftstellerei. – Da kommt aus einmal ein sonderbares Ding über sie, das niemand so eigentlich kennt. Es hängt in der Luft, es ist da, aber man kann's nicht fassen; es kommt über einen allmächtig wie ein neuer Glaube, der die Tore der Zukunft aufreißt, durch die unsre Sehnsucht in die Perspektive aller Ewigkeiten schreitet; – es regiert einen dann ganz und gar, setzt sich eisern in Herz und Hirn, und will man's los werden, so wird – ein Buch daraus.

QUINAULT. Und könnt Ihr uns dies Ding mit keinem Worte beschreiben?

NARZIß. Ich weiß es nicht. – Ich habe oft darüber nachgedacht, auf den Boulevards, in den Sommernächten. – *Grübelnd.* Ich – ich möcht' – ja, wenn ich's denn zum Satan doch benennen soll – möcht' ich's dann den – den Geist der Geschichte möcht' ich's nennen! – Aber es ist eben damit gar nichts gesagt, es ist alles Schall, Schaum, Rauch! *Auffahrend.* Pah, ihr, die Gelehrten! Ihr seid weise und gut, ihr verzehrt ruhig euren Braten, trinkt euren Wein und tut euer Amt – aber – – hahahaha! – in fünfzig Jahren wird man sagen: »Diderot war ein ganz vortrefflicher Kopf, schade, daß sich seine Ideen überlebt haben, und Grimm! – Hm! – Grimm, Grimm! Wer war Grimm?« wird man fragen. »Ah so! Der, der einmal auf Rousseau geschimpft hat??«

DIDEROT. Bravo, das ist köstlich!

ALLE *geben außer Grimm und d'Epinay ihren Beifall zu erkennen.*

GRIMM. Eure Beleidigungen, mein Bester, sind stumpfe Pfeile. Wer von Bedeutung in Paris wird nicht von Euch besudelt!

NARZIß. Recht, das ist mein liebstes Geschäft, darum lieb' ich meine Opfer. Den Rousseau zum Beispiel kann ich für den Tod nicht leiden, ich hass' ihn!

LAMBERT UND QUINAULT. Warum?

NARZIß *ärgerlich.* Ich kann ihm nichts anhaben!

DIDEROT. Und was hat er Euch getan?

NARZIß. Nichts! – Was ich sagen wollte: die kleine Gaussin, die den Marquis Mirepoix hat, ist in –

LAMBERT *lachend einfallend.* Nein, nein, erst die Antwort! – Was hat Euch Rousseau getan? – Warum haßt Ihr ihn?

NARZIß. Weil ich – Ich sag's nicht!

QUINAULT *legt ihm die Hand auf die Schulter, schmeichlerisch.* O bitte schön, Narziß, sagen Sie es doch!

NARZIß *blöde.* Weil – weil, weil – *Finster.* Kennt Ihr den – Neid?! – den hirnverwirrenden, herzzerfressenden Neid?! – *Bitter.* O nicht wahr, haha! ich sehe danach aus, daß ich noch jemanden im Leben beneiden könnte? Mein Neid ist doch – wahrhaftig – haha – höchst – haha – lächerlich! *Er sinkt konvulsivisch auf den nächsten Sessel, Tränen rollen ihm übers Gesicht.* Aber ich habe mich doch so lieb, mein Gott! – so lieb! – *Er versinkt in stiere Apathie.*

ALLE *sind erschrocken um ihn getreten.*

DIDEROT. So ist er oft. Was mag in ihm vorgehen? – Narziß, erholt Euch!

QUINAULT. Das hab' ich nie erlebt! – Der Arme! Mir tut das Herz weh, wenn ich ihn ansehe.

LAMBERT. Wahrhaftig, man kann an ihm sich selbst erkennen lernen.

DIDEROT *rüttelt ihn.* Rameau!

NARZIß *auffahrend.* Ja so! – Haha! – Da seht Ihr, wie jämmerlich abgeschmackt ich bin.

LAMBERT. Hört, Ihr seid doch sehr zu bedauern! Ich an Eurer Stelle versuchte einmal meine Gedanken in eine Form zu bringen und niederzuschreiben. Ehe Ihr gar nichts tut, ist es am Ende doch ehrenwerter, Ihr wagt einmal eine Arbeit auf die Gefahr hin, zu verunglücken.

NARZIß. Das fehlte mir! – Pah, man bezahlt meine Nichtswürdigkeiten, Freund, und ich sollte mir die Mühe nehmen, zu sehen, wie sich's bei etwas Reellem verhungern läßt?

QUINAULT. Geht doch, Ihr gesteht selbst, daß Ihr Rousseau beneidet, und Ihr beneidet ihn doch wahrhaftig nicht um die Rolle, die der Verbannte in der Welt spielt? Eure Logik ist schlecht!

NARZIß. Oder auch nicht! – Wenn ich Rousseau hasse, habe ich meinen guten Grund, und – der geht euch nichts an. *Gepreßt.* Es ist in jedes Menschen Leben ein Etwas, das er nicht gern lüftet, an dem er nie rüttelt; und seine Existenz ist *ein* Bemühen, über dies verwünschte Etwas hinwegzukommen. Könnt ihr mein vergangenes Leben auslöschen? – Auf die Prämisse kommt's an in der Logik!

QUINAULT. Das heißt: Ich kann mich nicht mehr ändern, ich muß bleiben wie ich bin. *Sie faßt ihn bewegt bei der Hand.* Ihr könnt nicht?

NARZIß *herb*. Ich *will* – ich *werde* mich nicht mehr ändern! *Peinlich.* Ich kann ja nicht aus mir heraus! *Finster.* Ich muß bleiben wie ich bin – ich *will* es so!

QUINAULT *ernst*. Nun, Ihr müßt wissen, ob Eure Vergangenheit derart ist, daß Ihr so bleiben müßt, elend mit vollem Bewußtsein. Und das tragt Ihr mit Talenten, die zehn anderen eine anständige Stellung sichern würden.

NARZIß. Ich bin ein jämmerlicher Mensch, Doris, das ist unbestreitbar. Ich gleiche dem Wrack, das mit dem Winde treibt – wozu noch steuern?! – Ich konnte Musikunterricht geben, aber sagt doch, Diderot, würdet Ihr mir Eure Tochter anvertrauen?

DIDEROT. Eine delikate Frage!

NARZIß. Nein. Ihr würdet es nicht, und tätet recht daran! – Unterrichten! – Welch verteufelte Arbeit! – »Aber greifen Sie doch richtig, Gnädige! Fis, fis! Herr Gott!« – Wenn man nicht die Aussicht über die Schultern frei hätte, es wäre zum Tollwerden. – Es sieht allerdings jeder den Narziß Rameau verächtlich an, aber sie haben alle doch verdammte Furcht, daß ich ihnen schaden könnte. Pah, es gibt in Paris nicht zehn Menschen, die nicht wie ich täten, nicht tun müßten, um über Wasser zu bleiben. Die Gesellschaft lebt vom eigenen Ruin, sie saugt sich selbst aus, hihi. Und die Selbstaussaugung des Menschengeschlechts nennt man Weltgeschichte.

QUINAULT. Aber Ihr seid bei dieser Ansicht doch sehr unglücklich. – Wenn Ihr's auch leugnet, ich weiß es.

NARZIß *erschreckt*. Ihr wißt es? – Wieso? – Nein – ich bin's nicht! *Spöttisch-naiv*. Oder ja – mitunter – das heißt – wenn ich nichts zu essen habe. Ich lebe schon lange genug, um endlich zu wissen, worin das Glück des Lebens besteht.

HOLBACH *lächelnd*. Und Ihr habt dies Problem gelöst? – Das könnte Euch unsterblich machen. Worin besteht denn das eigentliche Glück des Lebens?

NARZIß. Das einzig wahre Glück des Lebens besteht in – der regelmäßigen Verdauung; der Konsum ist die *causa movens* des Weltbaus!

ALLE *empört aufstehend, durcheinander*. Pfui!!

DIDEROT. Unverschämter Gesell!

QUINAULT. O, er ist ein unverbesserlicher Wicht! –

NARZIß. Das hab' ich vorher gewußt; *Komisch-ernst*. aber es ist das Los jeder großen Wahrheit, daß sie von den Zeitgenossen verlästert wird. Ich bin geistreich, moralisch, wenn ich sattgegessen habe; mein Körper, mein Geist können nicht leben, wenn ich hungern muß.

DIDEROT. Mir tut es leid genug, Sie mit seiner Gegenwart beleidigt zu haben.

NARZIß. Da habt Ihr wieder recht, Herr. Es ist die Strafe aller Leute, daß sie sich für mich interessieren müssen, um sich über mich zu ärgern.

QUINAULT. Aber Mensch, seht Ihr denn gar nicht ein, daß es ein Höheres im Haushalt der Natur gibt? – Habt Ihr im Leben nie eine Ahnung davon gehabt, daß man leiden und darben kann, und dennoch groß und reich sein im Besitze eines Wesens, einer Idee, einer heiligen Erinnerung, einer flackernden Hoffnung?

NARZIß *verwirrt*. Ihr – Ihr – Ihr fragt zuviel! *Er starrt ins Leere*.

BARJAC *mit einem Brief durch die Mitte*.

Elfter Auftritt

Die Vorigen. Barjac.

BARJAC *den Brief an Mad. Quinault gebend.* Er wurde zur augenblicklichen Überreichung abgegeben.

QUINAULT *nimmt den Brief und tritt etwa zur Seite.*

BARJAC *raunt ihr zu.* Lesen Sie um Gottes willen!

QUINAULT *hastig.* Ha, was ist's? *Zu Narziß.* Beantworten Sie meine Frage, Narziß; Sie sollen mir nicht entwischen. *Sie durchfliegt den Brief.*

LAMBERT. Ja, antwortet darauf.

NARZIß. Was Mademoiselle sagte, ist gewiß recht hübsch, recht edel. – Wenn es derlei Dinge gibt, die uns, wenn wir darben, entschädigen, um so schlimmer für mich, denn ich habe *nichts, wofür* ich leiden kann. Ihr Narren, das ist ja das Entsetzliche meiner verfluchten Existenz, *ich darbe eben um nichts!* – Eins aber ist immer an mir zu rühmen – daß ich über meine Handlungen ohne Schimpf, ohne Scham lachen kann – und wenn mich ganz Paris verachtet, solange ich mich nicht verachte, lache ich euch allen in die Zähne! – Ho, wenn ich ein ausgelernter Spitzbube wäre, ich wäre jetzt ein berührter Mann – etwa wie Grimm, der weiße Tyrann, der seine Qualität der Materie, seinen Geist, erst zur Geltung bringen konnte, als er seinem Freunde Jean-Jacques einen Fußtritt verabreichte, und doch hatte ihn Rousseau in anständige Gesellschaft gebracht, wie Ihr mich, Diderot. Hahahaha, laßt Euch nicht auslachen! – Alle, wie ihr dasitzt, die ganze noble Gesellschaft von Paris heißt Narziß, Narziß der Selbstliebhaber, der Eigensüchtige, der Ichmensch, Narziß Rameau! – Es ist Zeit in die Oper, Adieu! *Er wendet sich nach der Tür.*

GRIMM *wütend.* Die Frechheit dieses Burschen grenzt an Wahnwitz, und nur seine Erbärmlichkeit hält mich ab – *Er greift nach dem Degen.*

NARZIß *einfallend.* Haha, aber ich bin logisch. *Er geht lachend nach der Tür.*

EPINAY *leise zu Grimm.* Er entschlüpft uns, wir müssen ihn fragen! *Laut.* Rameau, noch ein Wort!

NARZIß *umkehrend.* Und?

QUINAULT *die, als sie den Brief mit steigendem Affekt durchflogen, Narziß lange angestiert, plötzlich hervorbrechend.* Narziß, eine Frage!

EPINAY *rasch.* Wo waren Sie gestern vormittag, um elf Uhr etwa?

QUINAULT *einfallend.* Gewiß auf dem Boulevard du Temple?

EPINAY *erschrocken.* Wie kommen Sie zu der Frage, mein Fräulein? *Leise.* Mein Himmel, sie weiß doch nichts davon?!

QUINAULT. Das wollte ich Sie soeben fragen. *Leise.* Sollte er's doch sein?

Allgemeine Spannung.

NARZIß *verwundert.* Nun, und was ist's denn? – Ist das so wunderbar, daß ich das Pflaster von Paris trete? – Ja, ich war da!

QUINAULT *rasch.* Ihr saht dort eine königliche Equipage?

GRIMM. Saht Ihr sie?

EPINAY *für sich.* O Gott, sie weiß es!

NARZIß. Wohl! – Ganz richtig! – Ich besinne mich! Sechs Isabellen mit karmoisinsamtnem Geschirr? Die Leute meinten, es sei der Wagen der Pompadour; ich hätt' was drum gegeben, sie einmal zu sehen!

QUINAULT, EPINAY, GRIMM *starr.* Er ist's!!

ALLE ÜBRIGEN *sind erstaunt näher getreten.*

QUINAULT *faßt plötzlich Narziß am Arm und zieht ihn beiseite, leise.* Ein Wort, Narziß!

DIDEROT. Aber was bedeutet das, meine Herrschaften?

QUINAULT *leise zu Narziß.* Keinen Laut weiter! Ich habe ein Geheimnis für Sie! Erwarten Sie mich drüben an der Ecke in einem Mietswagen! Um Gottes willen rasch!!

NARZIß *leise.* ich bin galant! *Laut.* Adieu! *Er geht rasch durch die Mitte ab.*

EPINAY *will ihm nachstürzen.* Narziß, wohin?

QUINAULT *tritt ihr triumphierend in den Weg.* Er ruft nur meinen Wagen. Ein Wort, liebe Bouffleurs! *Zu Bouffleurs, die rasch zu ihr getreten ist, leise.* Die Pompadour will *gekrönt* ins Grab steigen. Der *Dispens* aus *Rom* ist da! Eilen Sie zur Königin!

BOUFFLERS *entsetzt.* Großer Gott!

QUINAULT *zu Epinay.* Er ruft meinen Wagen, denn ich habe dem Prinzen Conti eine sonderbare Neuigkeit mitzuteilen. *Sie knickst.* Ich habe die Ehre!

BARJAC UND QUINAULT *gehen rasch durch die Mitte ab.*

Kurze Pause.

ALLES *starr.*

EPINAY *wie vernichtet.*

GRIMM. Eh, beim Satan, sie weiß alles!

DIDEROT. Was weiß sie denn?

EPINAY *außer sich.* Wir sind verraten!

GRIMM *stürzt ans Fenster.* Sie steigt mit Narziß in den Wagen, er rollt vorbei! – Sie hat ihn mit sich genommen!

EPINAY *wütend.* Zum Prinzen Conti! *In Todesangst.* Meinen Wagen! O Gott, meinen Wagen! Ich muß Choiseul sprechen.

GRIMM UND EPINAY *gehen durch die Mitte ab.*

HOLBACH. Träum' ich denn? – Was bedeutet diese sonderbare Szene?

BOUFFLERS *tonlos, starr.* Die Pompadour will *gekrönt* ins
  Grab steigen! Der *Dispens* aus *Rom* ist da!
ALLE *aufschreiend.* Die Pompadour? –
LAMBERT. Gekrönt?
DIDEROT. Und was geht das Narziß an?
HOLBACH. Ja, Narziß?
BOUFFLERS *auffahrend.* Ich muß die Königin sprechen! –
  Sie eilt durch die Mitte ab.
LAMBERT. Ich begleite Sie! *Er geht ihr nach.*
DIE ANDEREN *starren ihnen sprachlos nach.*

  Der Vorhang fällt rasch.

Zweiter Aufzug

Paris nächster Tag, nachmittag. – Hotel Choiseul. Eleganter Salon. Rechts und in der Mitte eine Tür. Links Arbeitstisch mit Papieren.

Erster Auftritt

Choiseul und Dubarry sitzen in tiefem Gespräch auf ihren Sesseln.

DUBARRY. Ihr früherer Gatte, der Generalpächter d'Etiolles, kann es nicht gewesen sein, er ist tot, und hieß François, nicht Narziß, soviel man ermitteln konnte.

CHOISEUL. Ich bin erstaunt über diese Mitteilung! Das klingt ja völlig romanhaft, Herr Kammerherr!

DUBARRY. Und Sie wüßten von diesem Ausruf der Marquise wirklich nichts?

CHOISEUL. Ich muß bedauern. Man brachte sie in voller Geistesstumpfheit hierher, und sie verließ das Hotel, ohne eine Silbe zu sprechen.

Kurze Pause.

DUBARRY. Die erlauchte Marquise ist nach diesem Vorfall sehr übel.

CHOISEUL. So sagt man – aber bei ihrer eisernen Natur kann sie noch lange leben – lange genug für alle, denen sie hinderlich ist.

DUBARRY. Ich kenne niemand am Hofe, dem sie das wäre.

CHOISEUL. Das ist mir lieb zu hören.

Kurze Pause.

DUBARRY. Gleichwohl ist die Gesundheit der Marquise so geschwächt, daß es nicht ungerechtfertigt ist, wenn die Vaterlandsfreunde sich fragen, welchen Stand die Dinge nach ihrem Tode haben werden.

CHOISEUL. Gewiß, und da Sie die Frage wohl erwogen haben werden, so bitte ich um Ihre Meinung, Herr Kammerherr. Welche Kombinationen haben Sie?

DUBARRY. Herr Premier, halten Sie's für möglich – daß unter – diesem Regime die Zügel der Herrschaft wieder ein – jemand anderer, als eine Frau in die Hände nehmen könne?

CHOISEUL. Das brauche ich dem Kammerherrn nicht zu beantworten – auch würde ich mich hüten, es zu tun!

DUBARRY. Wenn Madame de Pompadour stirbt, wird der König eine Lücke in seinem Leben empfinden, und der, der sie ausfüllt, wird Frankreich beherrschen.

CHOISEUL. Und dieser *Der* wird möglicherweise eine *Die* sein.

DUBARRY. Hahahaha! Getroffen! Es wird ein Weib sein, das ihn fesselt und zugleich weise genug ist, dem Herzog von Choiseul die Sorge für Frankreichs Wohl zu überlassen.

CHOISEUL. Sehr gütig, Graf. Das läßt sich hören. Da wäre zum Beispiel die Königin.

DUBARRY *aufspringend.* Teufel, Sie spaßen! – Und darum hätten wir gearbeitet? – Das hieße Ihren eigenen Fall mit Bewußtsein vorbereiten!

CHOISEUL. Wenn er Frankreich nützt – was liegt daran? – Nun den anderen Fall genommen. Also eine neue Liebe?

DUBARRY. O sicher, ganz sicher! – Herzog, bin ich Ihrer Hilfe gewiß, wenn ich gewählt habe?

CHOISEUL. Nun, wenn die Wahl vorteilhaft ist! – Aber die Frau von Pompadour lebt noch – eine Dame, der ich vielen Dank schuldig bin und die ich verehre.

DUBARRY *steht auf.* Ach ja! – Nun, ich will Ihre kostbare Zeit nicht länger –

CHOISEUL *drängt ihn in den Sessel zurück.* Hahaha! kommen Sie, Graf! – Wir durchschauen uns gegenseitig, aber da wir Gegner sind in der Gunst des Königs, so wollen wir voreinander sicher sein, wie? – Also ohne Umschweife. Sie haben noch etwas auf dem Herzen, sonst würden Sie wohl nicht zu Choiseul gekommen sein!

DUBARRY. Es ist wahr! Das ganze Gespräch ist unnütz, denn Madame lebt noch.

CHOISEUL *gespannt.* Also wünschten Sie vorerst doch, die Marquise wäre – tot?

DUBARRY. Ich nicht, ich wahrhaftig nicht – aber andere Leute.

CHOISEUL *lauernd.* Ja, das Parlament, die Nation, die Partei der Königin –

DUBARRY. Und *leise.* der König selbst!

CHOISEUL *aufspringend.* Was? Und das hat er laut ausgesprochen?

DUBARRY. O wo denken Sie hin! – Aber als gestern früh die Frau Marquise in Versailles ankam und man dem Könige in der ersten Bestürzung sagte, sie liege im Sterben, war er sichtlich erfreut – als der Leibarzt jedoch erklärte, sie könne noch lange leiden, verließ er mit einem Seufzer ihr Boudoir.

CHOISEUL. Nur eine Bestätigung dessen, was ich längst bemerkt. Er ist ihrer überdrüssig, besonders jetzt, wo sie ihn zu der Mesalliance drängt.

DUBARRY *leise.* Sr. Majestät geschähe sicher ein großer Dienst, wenn ein – Ohngefähr den Leiden der armen Dame ein Ende machte.

CHOISEUL *entsetzt.* Dubarry, das ist ein teuflischer Gedanke!!

DUBARRY *erschrocken.* Was denn? – Was habe ich denn gesagt? – Um Himmels willen, Sie verstehen mich doch nicht falsch, Herr Herzog?

CHOISEUL. O, ich verstehe Sie sehr gut, zu gut fast, Dubarry! – Die Idee ist von Ihnen, die Ausführung haben Sie mir zugedacht. Meiner Freundschaft trauen Sie klugerweise nicht, der Mitschuldige ist sicherer. *Lachend.* O, nur nicht beleidigt, lieber Graf, die Prüderie steht Ihnen nicht. Teilen Sie mir Ihren Plan mit, denn den haben Sie doch wohl in der Tasche.

DUBARRY. Wenn man einem Nervenschlage, einem jähen Schreck die Tür öffnen könnte? – Die Marquise sank auf dem Boulevard du Temple mit dem Schrei »Narziß« zusammen. Was würde es wohl für Folgen haben, wenn man diesen Unbekannten plötzlich vor sie brächte?

CHOISEUL. Ha, der Plan ist gut! – Selbst wenn sie dieser Begegnung physisch nicht unterliegt, fallen muß sie durch sie! – Wo aber soll man den Menschen finden?

DUBARRY. Das ist es eben – in dem großen Paris!

CHOISEUL *nimmt Dubarry bei der Hand, ernst.* Kammerherr, Ihr Vorteil heißt Sie schweigen. Morgen ist Audienz in Versailles; bis dahin werde ich mit mir im reinen sein, bis dahin werde ich den Menschen ermittelt haben, *Lächelnd.* und merken Sie sich noch, daß Sie mich sehr leidend getroffen haben.

DUBARRY. Also morgen nach der Audienz, lieber Herzog!

Er geht durch die Mitte ab.

Zweiter Auftritt

Choiseul allein.

CHOISEUL. Glaubst du, elende Lakaienseele, ich dulde dich neben mir auf der Zinne Frankreichs, dich, dessen einzige Kunst es ist, der Zuführer deines Herrn zu sein? Hoffst du die Hand ans Steuer zu legen, wenn du mich zu deinem Spießgesellen gemacht? Nimmermehr! *Er geht bewegt auf und ab – bleibt stehen.* – Der Plan dieses Menschen ist furchtbar – aber er ist gut! – *Er macht einige Schritte.* Ich regiere Frankreich, solange die Marquise lebt – aber wenn sie stirbt? – Ich darf nicht stille stehen! Ich muß mich für eine Partei, solange es noch Zeit ist, entscheiden und meinen Entschluß mit dem Sturze des Weibes besiegeln, die – – O Gott, Gott! *Pause.* Heute nicht, noch nicht! Morgen nach der Audienz!
LAKAI *durch die Mitte.*

Dritter Auftritt

Choiseul. Lakai.

LAKAI *anmeldend.* Chevalier von Saint-Lambert, Kapitän der Nobelgarde, im höchsten Auftrage.
CHOISEUL *erbleichend, halblaut.* Der Vertraute der Königin? – den führt mein Verhängnis her! Choiseul, die Augenblicke zur Entschließung sind gezählt. *Zum Lakaien.* Eintreten!
LAKAI *geht ab.*
SAINT-LAMBERT *durch die Mitte.*

Vierter Auftritt

Choiseul. Saint-Lambert.

CHOISEUL. Ein seltener Besuch, Kapitän, um so schmeichel-
hafter, als er von einem treuen Diener Ihrer Majestät der
Königin abgestattet wird.

LAMBERT. Exzellenz, das ist allerdings nicht – jeder.

CHOISEUL. Das weiß ich wohl! Ihr Gesuch?

LAMBERT. Ich habe kein Gesuch, Exzellenz, ich habe eine
Frage, und zwar im Namen Ihro Majestät der Königin.

CHOISEUL. An Ihrem Benehmen, Kapitän, hätte ich wohl
merken können, daß Sie die Königin sendet. Zur Sache,
wenn's beliebt.

LAMBERT. Exzellenz, als ich hierher kam, war mir die
Frage Nebensache, was Pflichttreue gegen meine Herrin
mich wohl kosten könne. Ich sehe Ihnen ins Auge, ein
Edelmann dem anderen, und will hoffen, daß der Herzog
von Choiseul, der Mann, der Frankreichs Geschick in
Händen hält, vor dem simplen Saint-Lambert nicht erbleichen möge.

CHOISEUL. Was soll das heißen, mein Herr?

LAMBERT. Die Königin weiß, daß man damit umgeht, die
Marquise de Pompadour – dem König – anzutrauen!

CHOISEUL *außer Fassung.* Was? – O mein Gott!

LAMBERT. Ha, sehen Sie mich nur fest an! – Es ist also
doch wahr? – O, weiß man doch, daß der Dispens aus
Rom schon da ist, und man wird es der armen Fürstin
überlassen, ihr kärgliches Jahrgehalt am Hofe ihres ent-
thronten Vaters in Lothringen zu verzehren! – Antworten
Sie, Herr Herzog, antworten Sie mir, im Namen der Königin, ist dem so?!

CHOISEUL *bleich, stotternd.* Aber bei der Hölle, woher wissen Sie das?! Wodurch wollen Sie diese Behauptung rechtfertigen?!

LAMBERT. Der Staatsmann kann doch nicht sein Gefühl so ganz verbergen. – Ich weiß genug. – *Pause. Er sammelt sich.* Ich rede nicht zu Ihnen von dem Schimpf, der Demoralisation, die Frankreich durch diese Frau erduldet, aber wollen Sie denn diese Totenmaskerade mit dem Fluche des Jahrhunderts, mit dem Falle des Regentenhauses, mit dem gebrochenen Herzen der königlichen Frau erkaufen? – O hindern Sie dies entsetzliche, schamlose Bündnis, hindern Sie es, Herr Herzog, oder – Sie verdienen nicht mehr den Degen eines französische Edelmanns zu tragen!!

CHOISEUL *kalt und stolz.* Sie sind verwegen bis zum Wahnwitz, Kapitän! Es ist Ihr Glück, daß ich nur die Königin höre, nicht Sie! Es gibt nur *einen* Herrn, dem ich diene, dem ich mein Herz, meine Ehre, mein Gewissen selbst zum Opfer bringe – Frankreich! – – *Wärmer.* Zeigen Sie mir, junger Hitzkopf, den Pfad, den ich gehen soll, das unglückliche, zusammenbrechende Vaterland zu retten, ich will ihn gehen; zeigen Sie ihn mir! – Oder wissen Sie einen besseren Steuermann für dieses Staatsschiff?

LAMBERT. Ich bin Ihr Gegner, Herr Herzog, aber ich habe dennoch die Überzeugung, daß nur Choiseul Frankreich retten kann.

CHOISEUL. Meint das die Königin auch?

LAMBERT. Herr Herzog, stände ich sonst hier?

CHOISEUL. Wenn nun die Pompadour stirbt? – Was dann? – Der König will beherrscht sein, beherrscht von einer Frau. Hätte ich die Gewißheit, daß das die Königin imstande wäre – in dieser Stunde noch würde ich der Eure!

LAMBERT *schüchtern, aber warm.* Ich hoffe, sie wird es!

CHOISEUL. Törichter Knabe! Mit Hoffnungen heilt man nicht die Wunden eines Reichs, wäscht man kein beflecktes Zeitalter rein!

LAMBERT *mit brechender Stimme*. Ich bin zu Ende, Exzellenz, leben Sie denn wohl! *Er übergibt ihm ein Schreiben.* Dies mag Ihnen meine Sendung beglaubigen. *Er geht die Augen bedeckend langsam nach der Tür.*

CHOISEUL *erschüttert*. Mein Gott! *Er nimmt das Schreiben, öffnet es und liest, rasch.* Von der Königin selbst! – An mich? – – – Halt, Lambert, halt!!

LAMBERT *rasch zurückkommend.* Exzellenz!

CHOISEUL *nachdem er gelesen, in furchtbarem Kampfe.* Sagen Sie der Königin – Choiseul werde – sich morgen entscheiden, ob noch – zu helfen sei!

LAMBERT *freudig bewegt*. Morgen? – O, Sie wollen sich für die Königin erklären?!

CHOISEUL. Lambert, mein Wort kann ich Ihnen nicht geben. – Morgen nach der Audienz in Versailles mag mich Ihro Majestät erwarten. – Wenn ich nicht kommen sollte –! – – Gehen Sie, Lambert, gehen Sie!!

LAMBERT *geht mit stummer Gebärde durch die Mitte ab.*

CHOISEUL *in heftigem Schmerz..* O du beneideter Choiseul! Scylla und Charybdis umdräuen dich! – Entweder die ewige Schmach, vielleicht den Untergang des Königshauses – oder den Sturz – ja vielleicht den – Tod des Weibes, dem du alles, alles verdankst! – Fürsten hat sie sich huldigen, die Talente des Jahrhunderts zu ihren Füßen schmachten, Reiche vor sich gebeugt gesehen, und verächtlich gelächelt! Dich, d'Amboise, hat sie geliebt und erhoben, wie keinen mehr auf der Welt! – Und wenn alles zusammenbricht, nein, nein – ich kann das nicht tun! Das nicht! – *Pause.* – Aber welcher Unsinnige hat das Geheimnis an die Königin verraten? – Und dieser Narziß, dieser Unbekannte! – – Ich muß wissen, wer Narziß ist! *Er schellt.*

LAKAI *tritt ein.*

CHOISEUL. Der Polizeipräfekt von Paris soll kommen, sofort! – Ruft Beaulieu, den Sekretär, in mein Kabinett!

LAKAI *geht durch die Mitte ab.*

CHOISEUL *geht rechts ab.*

Verwandlung.

Wohnung der Mademoiselle Quinault.
Kleiner eleganter Salon. Links eine und in der Mitte zwei
Türen. Links Sofa, davor ein Tisch mit Papieren,
Putzartikeln usw. Zwischen beiden Türen des
Hintergrundes ein Ripptisch, auf dessen Sims Karitäten
und Rippes, u.a. ein porzellanener Chinese mit
beweglichem Kopf Pagode, ferner eine Pendule steht.
Rechts ein Fenster, in dessen Nähe ein Sessel, aber gegen
das Sofa gewendet.

Fünfter Auftritt

Doris Quinault in Morgennegligé und Pudermäntelchen,
nebst Colette rasch durch die linke Mitteltür.

QUINAULT *im Hinaustreten.* O laß nur, Colette, die Mignons sitzen gut genug. Sieh, ob er noch schläft.

COLETTE *horcht an der linken Seitentür.* Er ist aufgestanden, ich hörte ihn im Zimmer auf und nieder gehen.

QUINAULT. Gut, meine Liebe – laß mich allein.

COLETTE *geht durch die rechte Mitteltür ab.*

Sechster Auftritt

Quinault allein.

QUINAULT. Welch ein Rätsel in der Brust dieses Menschen? – Unter welch seltsamen Verhältnissen trafen sie im Leben zusammen, die stolze Marquise und Narziß, der Bettler?– Denn ein Zusammenhang zwischen ihnen muß stattfinden, das fühlte die schlaue Epinay auch, das scheint auch Prinz Conti vorauszusetzen, denn er hält es für wichtig, Narziß verborgen zu halten und seine Vergangenheit zu erforschen. – Aber kann's denn sein? – Nein, nein! –Das einzig Mögliche wäre, daß er mit d'Etiolles, dem verlassenen, verstorbenen Gatten dieses Weibes, eine Ähnlichkeit, und diese Ähnlichkeit sie auf dem Boulevard erschüttert hätte. – Ja, nur so bringe ich Vernunft und Zusammenhang hinein. *Kurze Pause.* – Sein unglücklicher Charakter, allen anderen so lächerlich, hat für mich ein so namenloses Wehe, so etwas unendlich Rührendes, daß ich alles daran zu setzen imstande wäre, dieses verkommene Talent, diesen aus seinen Gleisen getriebenen Stern, diesen Demant in schmutziger Hülle ans Licht zu ziehen, ihn allem Guten und Schönen, was den Menschen über sich selbst erhebt, entgegenzuführen. *Pause.* Schon so spät und vom Prinzen Conti noch keine Nachricht! – Was mag Saint-Lambert bei Choiseul erreicht haben? – *Kurze Pause.* Wie dieser unselige Kampf der Koterien enden soll, mag Gott wissen. – Ach, ich fühle sehr wohl, daß auch ich ein Werkzeug in den Händen meiner Partei geworden bin. Ich gehe mit verbundenen Augen einer Katastrophe entgegen, die mein ganzes Leben umgestaltet. Aber es sei! – Allvater über den Sternen, du siehst mein Herz, du kennst meine Gedanken, du magst mich richten, wenn in der Stunde der

Gefahr ich die Sache meiner Herrin vergesse! *Sie hebt die Hände wie zum Gebet gefaltet.*
NARZIß *tritt durch die linke Seitentür ein.*

Siebenter Auftritt

Quinault. Narziß.

NARZIß *tritt, ohne bemerkt zu werden, zu ihr.* So nachdenklich, Semiramis?
QUINAULT *auffahrend.* Ah, da sind Sie schon! *Nach kurzer Pause, etwas blöde.* Wie haben Sie geschlafen?
NARZIß. Ich danke. Ich lag gut, aber ich schlief schlecht. Ich habe viel geträumt. – Pah, nur der Glückliche schläft ruhig.
QUINAULT. Und was träumten Sie?
NARZIß. Ei nichts, Kindereien.
QUINAULT. Sie scheinen nicht recht gelaunt – fehlt Ihnen etwas? – – Fühlen Sie sich nicht wohl hier?
NARZIß. Nein, Doris, nein! – Was Sie mit mir beabsichtigen mögen, weiß ich nicht, aber ich gehe darauf ein, will alles tun, was Sie wollen, unter einer Bedingung!
QUINAULT. Und die ist?
NARZIß. Lassen Sie mich wieder meiner Wege gehen.
QUINAULT. Narziß, das ist nicht Ihr Ernst! Sie haben doch alles, was Sie wünschen können.
NARZIß. Aber ich habe Langeweile, das Furchtbarste, was ich kenne! – Das kränkt Sie? – Ja, aber ich muß es Ihnen sagen, ich halte hier nicht aus! Um bei Ihnen auszuhalten, muß man glücklich sein, oder es noch zu werden hoffen. – Hier ist ein ewiger Friede, ein seliges Genießen, eine himmlische Ruhe, und das ist's, was ich nicht leiden kann. – Überall sonst bin ich der Narr der reichen Leute, dazu gemacht, ihre langweiligen Stunden mit den Affensprün-

gen meines Geistes abzukürzen, aber hier, bei Ihnen, hab' ich seit gestern meine Profession verlernt. Ich war zum erstenmal seit Jahren allein, ich war bei mir selbst, ich kam – ganz zu mir. *Wie abwesend.* Ich träumte mich zurück in eine vergangene süße Zeit, wo die Rosen des Lebens blühten, wo mein Geist jung war und alle Gefühle emporflammten wie ein Dankopfer auf dem Altar der Menschenseele – wo ich ein Herz an meinem pochen fühlte – – *Stier, wie irre.* Still, still, nur ganz still! – da kommt er herangekrochen, bleich, lachend, hohläugig – der Wahnsinn; still, ohne Laut drückt er die Pantherzähne in mein wirres Hirn, leckt mit seiner feinen spitzen Zunge an meinem Herzen; – o, o, zu viel! – Es ist zu viel!

Er taumelt, wie vom Schmerz übermannt, zurück.

QUINAULT. Narziß, Sie dauern mich so recht von Herzen. – Ich bin überzeugt, daß der Keim zum Trefflichen in Ihnen nicht erstorben ist. Es fehlt Ihnen nur an einem immerwährenden Ringen und Handeln, an einer guten Tat, die Sie von dem abzieht, was Sie den Wahnsinn Ihres Lebens nennen. – Sollte sich denn kein Beruf für Sie finden, der Ihnen zusagte? Würden Sie denn keine Gelegenheit ergreifen, Ihrem Vaterlande, Ihren Freunden zu dienen?

NARZIß. Vaterland? – Freunde? – Pah, hat der denn ein Vaterland, der nichts hat? – Das Vaterland ist die Schaubühne der Jugenderinnerungen. – Man hat mich wie einen Hund geprügelt, mir oft nichts zu essen gegeben und mich wie einen Mönch erzogen, damit ich auch ja ein Lump werde! – Das sind *meine* Jugenderinnerungen! – Und Freunde? – Hat man denn jemals freunde im Leben? Gibt's denn eine Treue bis übers Grab? Haha, geht doch!

QUINAULT. Ihr seid hart, Narziß. – Sagt, wie wollt Ihr Euch das Interesse erklären, das ich für Euch fühle?

NARZIß. Ist das Freundschaft? – Betrügt Euch doch selbst nicht! – Ihr seht in meinen Kuriositäten vielleicht etwas mehr als alle anderen, ja, Ihr habt Mitleid mit einem verlorenen Menschen, denn Ihr seid gut. Aber ich frage Euch, hat mich Diderot ganz zufällig zu Holbach gerufen, habt Ihr und die Epinay ganz zufällig gefragt, was ich auf dem Boulevard du Temple gemacht habe? – Meiner Treu, mir scheint fast, die spinöse d'Epinay hätte mir ebensogern Kost und Wohnung gegeben, wenn ihr die Vorleserin der Königin nicht zuvorgekommen wäre; – ist das auch Freundschaft?

QUINAULT *lächelnd.* Daß die Leute neugierig sind, Euch kennen zu lernen, ist Euch doch nichts Neues. Daß ich mich für Euch interessiere, wird Euch vielleicht weniger wundern, wenn Ihr Euch dessen erinnert, was Ihr mir an jenem Abend sagtet, als ich die Rodogune spielte. – *Ernst.* Die Epinay hatte aber anderen Grund für ihre Teilnahme – sie wollte Euch zum Werkzeug ihrer Pläne machen, und ich, als Anhängerin der Königin, konnte das nicht dulden. *Kurze Pause.* Sagt, kennt Ihr die Marquise de Pompadour?

NARZIß. Nein, Kind! Ich hätte sie wohl gern einmal gesehen, aber ich bin nie dazu gekommen.

QUINAULT. Kennt Ihr aber wohl den Finanzpächter d'Etiolles?

NARZIß. d'Etiolles, d'Etiolles? – Ich kenne Buret, Bret und Grignon – lauter fette Staatspolypen – aber d'Etiolles? – Nein!

QUINAULT. Dann ist mir alles unerklärlich! – Genug, wenn ich Euch sage, daß Euer Name, Eure Person mit einer Begebenheit bei Hofe im Zusammenhang steht, die bis jetzt noch niemand enträtseln konnte. – Man interessiert sich für Euch, und mich soll es wahrhaft freuen, wenn diese seltsame Begebenheit dazu dienen sollte, Euch zu nützen.

NARZIß. Das ist verdammt drollig! – Ha, es gehen Tausende an einem königlichen Wagen vorüber, und kein Teufel frägt nach ihnen. – Na, mag's sein! – das Schicksal hat sich zu oft hündisch gegen mich erwiesen, als daß ich irgend etwas von ihm erwartete.

QUINAULT. Ihr werdet nur aber doch nun eingestehen, daß ich Euch nicht von mir lassen darf!

NARZIß. Ich aber sage dir, Mädchen, noch eine solche Nacht, wie die vergangene, und – *Finster.* mein Fenster geht auf die Seine!

QUINAULT. Aber, Unglücklicher, was verlangst du? – Mitleid wie eherne Pflicht gebieten mir, dich bei mir zu behalten! Begreifst du nicht, daß auch ich ein Opfer bringe, daß meine Ehre, mein Ruf durch dich auf dem Spiele steht? – Wenn ich aber einer heiligen Sache diene, schwindet jegliches Bedenken – ich bin nichts im Vergleich zu der Idee, der ich mich weihe. Mag ich zugrunde gehen, wenn sie nur siegt, mich entschädigen die Tränen, die über meinem Grabe geweint werden.

NARZIß. O ja, die Historie hat solche Leute genug, wie Sokrates, der den Schierling trank. – Pah, das half ihnen auch was Rechts, und der Idee – der Geschichte, den Menschen?– Ihr spaßt! – Als ob man sich je die Lehren großer Männer – die Erfahrungen der Zeit zunutze machte! Bewunderung ist alles, was wir zuwege bringen, und Bewunderung ist eine gar billige Entschuldigung für unsere eigene Erbärmlichkeit.

QUINAULT. O, man könnte an der menschlichen Natur verzweifeln, wenn man Euch hört! – Also die Geschichte des Menschengeschlechts ist Euch nur ein Kreis, der in seinen Ursprung zurückläuft, Ihr leugnet jede Vervollkommnung zum Besseren, Höheren?

NARZIß. Lassen Sie das, Doris. – Ich leugne nichts, ich behaupte nichts. Die Geschichte ist die Entwicklung unseres Geschlechts – gut, sei es so; – aber nur ein unsterbliches

Auge vermag sie als unendliche Spirale zu betrachten – für uns Lebende ist sie ein Kreis, auf dem wir wie die Milben tastend herumkriechen.

QUINAULT. Und sind die Männer nicht verehrungswürdig, die im Dienst dieser Entwicklung gestorben?

NARZIß. Das sind sie: – aber nicht alles möcht' ich nachmachen, was ich verehre. Dazu gehört Begeisterung. – Mich begeistert nichts mehr!

QUINAULT *voll sittlicher Empörung.* Dann bist du namenlos unglücklich, Mensch, denn du bist zugleich verächtlich! – *Kurze Pause, dann bittend.* Und haben Sie denn nicht den Mut, Narziß, das Etwas in Ihrem Leben, über das Sie nicht hinweg können, einer Freundesbrust mitzuteilen? – Denken Sie, ich sei – Ihre Schwester – die Sie recht, recht lieb hat – vielleicht haben Sie den Mut dazu!

NARZIß. Ich kann nicht. – Es ist eine zu winzige Geschichte, ein zu alltägliches Ding, als daß Sie darüber nicht lächeln sollten; – für mich ist es die Quelle alles Elends, ich – lache nicht darüber.

QUINAULT. Und wenn mich schon die Hilflosigkeit deines Charakters rührt, soll ich kein Herz für die Ursache desselben haben? O, entdecke dich mir, mein Freund!

NARZIß *nachdem er mit sich gerungen, überwunden.* Sei es denn! Aber lache nicht, Weib, lache nicht; – das könnte mich rasend machen! – – – Wende dich weg –

QUINAULT *tut es.*

NARZIß. Ich will dich nicht sehen. – Ich werd's kurz machen, denn das Geständnis peinigt mich. – Es sind etwa zwanzig Jahre her – ich ernährte mich von Musikstunden und spielte in den Schenken der Vorstädte, denn mein Vater war tot, und mein Onkel, der große Kapellmeister, wollte nichts von mir wissen; – er kannte meine Fähigkeiten und hatte Angst, ich möcht' ihm in der Musik über den Kopf wachsen. – – Ich hatte – – eine Frau! O, wie schön sie war! Diese Augen, dieser Mund mit den Perlenzähnen, diese blendende Brust! Und was für kleine Füße sie hatte, o, es war zum Entzücken! Ach und sie sang so schön, so schön, und hatte ein Herz, wie für mich geschaffen! – Wir schworen uns Liebe bis ans Grab. – Sie hieß Jeanette. – Wer ihre Eltern waren, sagte sie mir nie. – Sie lief der Alten weg und zu mir, und ich heiratete sie. – Wir hatten freilich nicht sehr viel, aber verdienten unser ehrlich Brot. – Da, eines Tages – –

QUINAULT. Eines Tages –!

NARZIß. Ging sie von mir fort – und kam nicht wieder! – Ich war allein! – – – – Ich habe sie gesucht wie ein verstreutes Kleinod, gesucht wie das weinende Kind seine Mutter, gesucht wie ein Verdammter sein verlorenes Eden – sie kam nicht wieder! – Ich bin alt geworden und schlecht und verächtlich, und ich suche sie noch; – und wenn ich sie gefunden habe – dann will ich sterben!! *Er sinkt in die Knie und verbirgt sein Gesicht in die Hände.*

QUINAULT *aufs tiefste erschüttert.* O, das ist sehr traurig, so gewöhnlich es ist; – um so trauriger, als diese unselige Liebe das Leben, den Charakter eines Menschen vergiftete, dessen Anlagen ihn zum Edelsten seiner Zeit hätten machen können. *Sie hebt sein Haupt in die Höhe.* Sage mir, Armer, hast du das treulose Weib denn nicht wiedergesehen?

NARZIß *schreiend.* Nie!!

QUINAULT. Sie wird gestorben sein.

NARZIß *aufspringend.* Aber ich weiß ja, daß sie lebt! – – Eines Tages begegnete ich meinem Onkel, dem Musiker. – »Narziß«, sagte er, »deine ehemalige Frau ist eine vornehme Dame. Wenn du Frankreich verlassen willst, will sie dir zehntausend Frank geben.« – »Das mag Euch der Teufel segnen«, brüllte ich und lief davon; – ich lief ins Gehölz von Boulogne, wo's recht einsam ist, und *schluchzend.* da hab' ich mein bißchen Menschenwürde begraben! *Er wendet sich weinend fort.*

QUINAULT *mit heiligem Eifer.* Narziß, heilig ist mir deine
Liebe, erschütternd dein Schmerz – er ist der Wahnsinn
deines Lebens – unheilbar! O, du wurdest nicht nur von
der Welt um dein Liebstes betrogen, sie hat dich auch
aus den Fugen der Menschenwürde getrieben, du hast
recht. – *Heroisch.* – Räche dich an dieser perfiden Welt
durch eine freie Tat, zeig ihr, daß in der Brust des zertre-
tenen, verspotteten Narziß der Funke einer Göttergröße
schlummert, vor dem sie in Scham zu Boden sinken soll!!

NARZIß. Ja, ja, du hast recht, Mädchen! – Zeige mir die
Tat, die ich diesem Gezücht ins Antlitz schlendern kann,
dieser Rotte gezähmter Bestien! Ich will sie tun, so wahr
ich dies treulose Weib noch liebe, liebe bis zur Narrheit!
– Oder nein, nein, tue es nicht! Im Staube war ich unglücklich, doch nicht schlecht, ich habe mich doch noch
selbst geliebt, geachtet, habe das Gefühl für die Verlorene
in mir angebetet, geehrt. Wer gibt mir Bürgschaft, daß
deine große Tat, die ich tun soll, nicht bei mir selbst
verächtlich, in meiner Hand nicht zum eigenen Fluche
werde?

QUINAULT *voll Hoheit.* Ich bürge dir dafür mit meiner
weiblichen Ehre, mit dem, was unser Geschlecht besitzt,
als Anker in allen Stürmen, mit dem heiligen Gefühl der
Würde und Scham!! *Pause.*

NARZIß. Ein Zucken meines Herzens mahnt mich ab – ein
Widerwille. – – – – Gut, es sei! Auf dich falle die Schuld,
wenn die Tugend mich vernichtet!

QUINAULT *glühend.* Sie falle auf mich! – Es gibt Taten,
die uns für ein ganzes verlorenes Leben entschädigen
können, die den Ärmsten aus dem Staube zur Götterhöhe
heben und die den Preis des Lebens selbst wert sind.

NARZIß. Und eine solche traust du dem armen Narziß
wirklich zu?!

QUINAULT. Ja, weil ich die Empfindungen dieses namenlos
unglücklichen Herzens verstehe, weil Narziß für mich

weiser und besser ist als die Toren des Tages, und ich den armen gebrochenen Menschen emporheben möchte aus dem Staube – daß er prange als Perle im Diadem der Menschheit!

NARZIß *breitet wie verklärt die Hände nach ihr aus.* O du Genius meines zerschlagenen Erdenglücks, heiliger Schatten meiner verlorenen Liebe!!

COLETTE *durch die rechte Mitteltür.*

Achter Auftritt

Die Vorigen. Colette.

COLETTE *bleibt an der Tür stehen, indem sie einen Brief emporhält wichtigtuend zu Quinault.* Vom Prinzen Conti!

Der Vorhang fällt rasch.

Dritter Aufzug

Versailles nächster Tag Mittag. Salon der Marquise de Pompadour.

Im überladenen Geschmack des Zeitalters mit vielen Vergoldungen. Durch die offenen Arkaden des Hintergrundes, welche von Säulen gebildet werden und mit Vorhängen geziert sind, sieht man die üppigen Gärten des Königs mit Figuren und Springbrunnen. Im Arkadengange hält ein Nobelgardist Wache. Links und rechts eine Tür. Links nach dem Vordergrunde zu ein vergoldeter Tisch, daneben ein vergoldeter Samtfauteuil, der, sehr groß, mit schwellenden Damastkissen ausgefüttert ist. An der Tür links und rechts hält je ein galonierter Lakai Wache.

Erster Auftritt

Marquise Epinay und Choiseul im eifrigsten Gespräch.

CHOISEUL. Ist's denkbar?

EPINAY. Er bejahte und beschrieb genau die königliche Equipage.

CHOISEUL. Das glaube ich nicht.

EPINAY. Und doch mußte Rameau der Narziß gewesen sein, den die Frau Marquise de Pompadour sah, denn kaum war das Wort aus seinem Munde, als die Quinault davoneilte und diesen Menschen mit sich nahm. – Man hat ihn seitdem nicht wieder gesehen.

CHOISEUL *nach kurzer Pause sehr ernst.* Marquise, Sie wissen, was unserer wartet, wenn Frau von Pompadour stirbt; schweigen Sie daher über alles, was bei Holbach geschah.

EPINAY *eifrig.* Sie müssen diesen Menschen sogleich polizeilich aufheben lassen, die Quinault hält ihn sicher verborgen!

CHOISEUL. In diesem Falle ist jedes gewaltsame Mittel unpolitisch. *Spitz.* Was die Königin einmal weiß, kann man ihr nicht mehr entreißen. – Sie zittern ja so, meine Gnädige? *Er führt sie in den Sessel.* Setzen Sie sich doch! – *Scharf.* Sie werden also schweigen, nicht wahr?

EPINAY *neigt bejahend das Haupt.*

CHOISEUL. Ferner werden Sie Ihren ganzen Einfluß aufbieten, um die Vermählung der Marquise mit dem König zu beschleunigen. – Wenn Choiseul auch krank ist, so hört er doch jede Stecknadel in Frankreich fallen. – – *Lächelnd.* Trösten Sie sich aber, der echte Narziß ist schon mein, die Quinault hat sich, wie Sie, in der Person gröblich getäuscht.

EPINAY *aufstehend, bleich, stotternd.* Herr Herzog!

CHOISEUL *einfallend.* Vergessen Sie keines meiner Worte, Gnädige, und melden Sie meine Anwesenheit der hohen Frau vor allen Dingen.

EPINAY *geht wankend links ab.*

Zweiter Auftritt

Choiseul allein.

CHOISEUL. O, es wird Tag vor meinen Augen! – Der Narziß wäre also gefunden?! – An dem Schrecken dieses albernen Weibes habe ich gesehen, daß sie aus der Schule schwatzte – man muß sie beseitigen. – Also bei der Quinault ist dieser Bursche zu finden? – Er ist in den Händen der Partei der Königin. – O, mir bleibt keine Wahl mehr! – Es ist gut, daß ich ihn in den Augen der Epinay als unwichtig hingestellt, ich kann ihn nun verwenden wie ich will, für und wider! – – Wenn ich nur erst wüßte, was ihn mit der Marquise verbindet? – Mein Hirn kann sich gar keinen Zusammenhang denken, es müßte denn, wie Dubarry sagte, zwischen ihm und d'Etiolles eine frappante Ähnlichkeit sein.

DUBARRY *rasch durch die Arkaden.*

Dritter Auftritt

Choiseul. Dubarry.

DUBARRY. Ah, da sind Sie schon, Herr Herzog. Meine Ahnung hat mich nicht betrogen. Terray, Silhouette und Maupeou kommen eben durch den Garten; ich bin vorausgeeilt, um Sie zu sprechen. Haben Sie sich entschieden?

CHOISEUL. Nach der Audienz, Graf – nicht eher. – Aber hören Sie, es ist von äußerster Wichtigkeit, die Heiratszeremonie mit dem König zu beschleunigen.

DUBARRY *fährt zurück.* Herr Herzog?!

CHOISEUL. Jawohl! *Halblaut.* Wenn ich es auf mich nehme, versäume ich den rechten Augenblick nie. Die Festlichkeit selbst wird unseren Plänen dienen. – Haben Sie sich denn überlegt, unter welcher Form man ihr den Menschen vorführen könnte, wenn man ihn gefunden?

DUBARRY *halblaut.* Wie wär's mit einem Schauspiel? Ich hab' es ihr gestern zum Festprogramm vorgeschlagen.

CHOISEUL. Prächtig, lieber Graf! Gleiche Geister begegnen sich immer.

DUBARRY. Nicht wahr, Herzog? – Still, unsere Kollegen!

TERRAY, SILHOUETTE UND MAUPEOU *von den Arkaden im Gespräch eintretend, verbeugen sich, Choiseul begrüßend.*

Vierter Auftritt

Die Vorigen. Terray. Silhouette. Maupeou.

CHOISEUL. Ich begrüße Sie, meine Herren Minister.

TERRAY. Exzellenz war einige Tage krank?

CHOISEUL. Jawohl, der plötzliche Schreck. – Was gibt es Neues in Paris?

MAUPEOU. O, einen himmelschreienden Insult, der dem Herrn Finanzminister widerfahren ist! –

CHOISEUL. Wieso?!

DUBARRY *lachend.* Ach das hätte ich Ihnen bald mitzuteilen vergessen, Exzellenz. Denken Sie nur! Ein Witzkopf hat das Porträt des Herrn von Silhouette höchst ähnlich in schwarzem Papier ausgeschnitten, natürlich nur im Profil, ohne Augen – und so hängt er in allen Bilderladen.

CHOISEUL. Und die Pointe?

DUBARRY. Haha! Dergleichen Bilder heißt der Pöbel nun Silhouetten, weil sie schwarz sind, wie die Seele des Marquis und leer wie sein Staatsschatz, haha!

ALLE *außer Choiseul und Silhouette lachen.*

SILHOUETTE *pikiert.* Schlimm genug, daß Sie über diese persönliche Beleidigung lachen – die Gerechtigkeit gebietet –

CHOISEUL *einfallend.* Nein, die Klugheit gebietet, lieber Marquis, eine Beleidigung zu vergessen, die alle Lacher – und auch alle ernsten Leute auf ihrer Seite hat!

ERSTER KAVALIER *von links.*

Fünfter Auftritt

Die Vorigen. Kavalier.

KAVALIER. Die Frau Marquise de Pompadour! *Er tritt an die Seite.*

ALLE *stellen sich rechts in einer Reihe dem Sessel gegenüber auf, so daß dieselbe mit Dubarry beginnt, auf den Choiseul, Terray, Silhouette und Maupeou folgen.*

ZWEITER KAVALIER *tritt von links ein und rückt die Kissen des Fauteuils zurecht.*

MARQUISE DE POMPADOUR *erscheint, auf den Arm der Marquise d'Epinay gestützt; sie ist sehr blaß und schwach, und in eine prachtvolle Negligérobe gekleidet.*

EIN PAGE *folgt ihr mit einem silbernen Tablett, auf dem Arzneien stehen.*

EIN ZWEITER PAGE *folgt mit einem samtenen Fußschemel.*

SECHS HOFDAMEN UND ZWEI KAMMERDIENER *folgen zum Schluß.*

DIE MINISTER *verbeugen sich.*

POMPADOUR *grüßt und setzt sich mit Hilfe der Epinay und der beiden Kavaliere in den Fauteuil.*

ZWEITER PAGE *legt den Fußschemel vor sie.*

WACHE *präsentiert beim Auftritt der Pompadour.*

DIE KAMMERDIENER *treten in den Hintergrund.*

Sechster Auftritt

Die Vorigen. Marquise de Pompadour. Marquise d'Epinay. Kavaliere. Pagen. Hofdamen. Kammerdiener.

POMPADOUR. Ich freue mich, Chevaliers, Sie wiederzusehen. Plötzliche Unpäßlichkeit zwang mich, Ihren Umgang zu entbehren – doch ich hoffe noch recht lange unter Ihnen zu bleiben. *Sie hält sich das Herz und atmet schwer.*

CHOISEUL. Mit dem tiefsten Bedauern – *Er verbeugt sich.*

TERRAY *einfallend.* Beklagen wir einen Unfall – *Er verbeugt sich.*

DUBARRY *einfallend.* Doch wir hoffen – *Er verbeugt sich.*

DIE MINISTER *geben durch stumme Bewegungen ihr Bedauern zu erkennen.*

POMPADOUR *rasch einfallend.* Keine Kondolenzen, meine Herren, das klingt wie ein Totengeläut! Ha! *Sie faßt sich an die Stirn.* Marcel, meine Arznei!

PAGE *präsentiert Madame Epinay die Medizin.*

EPINAY *reicht sie der Pompadour.*

POMPADOUR *nimmt dieselbe.*

DUBARRY. Seine Majestät der König läßt sich nach dem Befinden von Madame erkundigen; er ist noch immer höchst besorgt –

POMPADOUR *die eben die Arznei einnehmen will.* Sieh da! Also besorgt ist er? *Sie nimmt die Arznei ein.* O sagen Sie doch Sr. Majestät, es sei mit uns noch lange nicht zum Sterben. Ersuchen Sie ihn in unserem Namen, mit uns heute nacht zu speisen. *Sie setzt eine Lorgnette auf und mustert die Minister.* Haha, da ist ja auch Marquis Silhouette.

SILHOUETTE *tritt vor und verbeugt sich.*

POMPADOUR. Haha, der arme Marquis! Man macht ein schwarzes Porträt von ihm, schwarz wie seine Seele und leer wie der Staatsschatz! Hahaha, es ist einzig! *Auf einmal wirft sie sich krampfhaft zurück in den Sessel, ein Nervenschauer durchzuckt sie.*

ALLE *treten ängstlich einen Schritt näher. Kurze Pause.*

POMPADOUR. O Gott, wieder diese Nervenwallung! Dieses Drängen des Blutes nach dem Hirn, und dann dieser plötzliche Schlag vom Kopf in die Knie! – Helfen Sie mir, liebe Epinay!

EPINAY *richtet sie auf.*

POMPADOUR. Wischen Sie mir die Stirn ab!

EPINAY *tut es.*

POMPADOUR. Es ist kalter Schweiß. – Wenn ich lache, geht es mir immer so, es ist abscheulich! – Nun, trösten Sie sich nur, Silhouette, wir werden nächstens auch von uns eine Silhouette machen lassen; – schwarz und leer – ach, es ist zu köstlich! – O, wie schlecht wieder die Kissen liegen – sie drücken ja!

ERSTER KAVALIER *tritt heran.*

POMPADOUR. Sie sind wirklich ein Muster von Ungeschicklichkeit, Chevalier Salvandy!

ERSTER KAVALIER *will sprechen.*

POMPADOUR. Schon gut, gehen Sie nur! – *Sie tut, als erblicke sie Choiseul erst jetzt.* Ei seht doch, der Premierminister auch?

CHOISEUL *tritt vor.*

POMPADOUR. Sie sind in den letzten Tagen sehr haushälterisch mit sich umgegangen. – Doch es ist gleich. Ich danke Ihnen übrigens für die kurze Gastfreundschaft, die mir das Hotel Choiseul unlängst erwiesen. – Man sagte mir soeben, Sie seien krank gewesen – ist dem so, Herr Herzog?

CHOISEUL. Leider, hohe Frau. Dies mag auch meine einzige Entschuldigung sein. Ich war recht krank.

POMPADOUR. Also ein Leidensgefährte – und was fehlte Ihnen?

CHOISEUL. Möchten Sie doch erlauben, daß ich die Leiden vergangener Tage nicht wiederhole. Choiseul ist genesen, weil seine edle Gönnerin genas.

POMPADOUR. Treten Sie doch näher, lieber Choiseul. *Sie gibt ihm die Hand.*

CHOISEUL *küßt sie.*

POMPADOUR *leise.* Ich hatte so Wichtiges mit Ihnen zu sprechen, d'Amboise; mein Zustand war entsetzlich.

CHOISEUL *leise.* Hätte meine Herrin in Choiseuls Herzen gelesen, das hätte sie erleichtert. *Er tritt zurück.*

POMPADOUR. Bleiben Sie an meiner Seite, lieber Herzog.

CHOISEUL *nimmt d'Epinays Platz am Fauteuil ein.*

D'EPINAY *tritt rechts von Pompadour an den Tisch.*

POMPADOUR. Graf Dubarry, hat Seine Majestät die Festlichkeit schon angeordnet?

DUBARRY. Nicht bestimmt, Madame. Der bedenkliche Zustand – doch sprach Seine Majestät von einem Schauspiel.

MAUPEOU. Unter dem großen Ludwig wählte man zur Vorfeier eines Hoffestes stets ein rezitierendes Drama, in dem besonderer Pomp entfaltet ward.

POMPADOUR. Das läßt sich hören. Ich wünschte aber wohl, daß ein pikantes Ballett eingeflochten würde. Das ist etwas für den König. – Herr Kanzler, Sie übernehmen das äußere Arrangement, der Herr Kammerherr wird das Ballett mit gewohnter Finesse ersinnen, und Silhouette hat die Ausgaben zu bestreiten.

SILHOUETTE *zuckt die Achseln.*

POMPADOUR. Ich hoffe, daß man es hierbei an nichts fehlen lassen wird. Übrigens denke ich bei einer Feierlichkeit, die mich so nahe angeht, die Treusten meiner Freunde zu belohnen. – Gewiß, liebe Epinay. – Haben Sie schon ein Drama gewählt, Herr Kammerherr?

DUBARRY. Diese interessante Pflicht hat sich Herr Herzog von Choiseul vorbehalten.

CHOISEUL *sehr kurze Pause.* Madame erlaube, daß ich den Namen des Schauspiels verschweigen darf.

POMPADOUR. Ah, eine Überraschung! Das ist schön! Aber nur bis zur Probe. Die Ärzte haben mir große Vorsicht angeraten, auch ist man bei der Festlichkeit selbst zu zerstreut. Ich werde daher den Tag vorher einer Probe beiwohnen, man kann sie zu meiner Bequemlichkeit hier im Salon abhalten.

CHOISEUL. Zu Befehl!

POMPADOUR. Wer wird darin spielen, Herzog?

CHOISEUL. Noch weiß ich es nicht genau. Für den Helden habe ich einen jungen Mann von großem Talent, den ich der königlichen Gunst empfehlen möchte.

POMPADOUR. Nicht übel! Ich liebe die Talente – sein Name?

CHOISEUL. – Laitard!

POMPADOUR. Ah, gut, und die Heldin des Stückes?

CHOISEUL. Habe ich noch nicht.

POMPADOUR. Da kommt mir ein köstlicher Gedanke! Wie wäre es, wenn man die Quinault nähme?

CHOISEUL. Ha, die Quinault! Sehr gut! – Zu Befehl!

POMPADOUR. Treten Sie nun ein wenig in die Vorzimmer, meine Chevaliers und Damen, ich habe mit dem Herrn Herzog von Choiseul zu sprechen.

DIE MINISTER *gehen rechts ab.*

DIE DAMEN, CHEVALIERS UND PAGEN *gehen links ab.*

DIE KAMMERDIENER *gehen durch den Hintergrund ab.*

Siebenter Auftritt

Marquise de Pompadour. Choiseul.

POMPADOUR *nach einer Pause ganz erschöpft.* Setzen Sie sich zu mir, Choiseul. *Sie schiebt ihm mit dem Fuße den Fußschemel zu.*

CHOISEUL *setzt sich.*

POMPADOUR. Wir sind endlich allein. *Pause.* Wissen Sie noch, d'Amboise, wie Sie frisch aus dem Feldzuge von Mastricht nach Paris kamen und mir das erstemal bei Hofe vorgestellt wurden? Ha, der schüchterne Offizier von verkommenem Adel der jugendlichen Kokette aus dem Bürgerstande! – Wir waren zwei Abenteurer, die dem Ruhme nachjagten. – Der Spiegel betrügt mich nicht mehr; – die Falten, diese farblose Haut, der matte Blick. – Das ersehnte Glück ist da – nur die Jugend und die – Unschuld kommen nicht wieder. – O meine Jugend!

CHOISEUL. Aber wozu jetzt diese Erinnerungen, hohe Frau –

POMPADOUR. O lassen Sie den Titel, Freund, diese lächerliche Firma für die erbärmliche Hohlheit dieses Lebens. Wir, d'Amboise, haben es nicht so miteinander gehalten: – – uns ist diese Maskerade eben nur Maskerade; haha! *Sie preßt heftig die Hand ans Herz.* O dieses Herzklopfen! – und so sind wir denn bis hierher gekommen. Jetzt aber geht's zu Ende.

CHOISEUL. Um Gottes willen! *Er will aufstehen.*

POMPADOUR *hält ihn an der Hand zurück.*

CHOISEUL *setzt sich wieder.*

POMPADOUR. Mag geschehen, was da will, d'Amboise – mich trifft nichts unvorbereitet; – doch es ist besser, ich teile mich mit – das macht das Sterben leichter. – Ich will mit Ihnen sprechen, wie der Mensch mit dem Menschen, wie ein treuer Gefährte mit dem andern spricht. – Ich habe mich im Leben oft entwürdigt, aber mein Herz hat sich nie selbst Gefühle vorgelogen, die ich nicht besessen. Solange wir uns kennen, d'Amboise, solange ich bei Hofe bin, habe ich nie geliebt.

CHOISEUL *aufspringend.* Sie haben mich nie geliebt, Marquise?! – Nie?!!

POMPADOUR *reicht ihm die Hand und zieht ihn auf den Fußschemel zurück.* Nein, d'Amboise – nie! – Der Ehrgeiz ist wie das Spiel, er tötet die echte Liebe. Jeanette Poisson, die Tochter des Gewürzkrämers – hat geliebt, Madame d'Etiolles und die Marquise de Pompadour – nie!!

CHOISEUL. Ha, zu viel! –

POMPADOUR *indem sie seine Hand tätschelt.* Das ist ein Stich in Ihr eitles Herz, Choiseul?! – Ja, ja! – Eitelkeit müssen Sie sich abgewöhnen, wenn Sie ein großer Mann sein wollen. – Ich hätte nicht geglaubt, daß Sie sich so etwas noch einbildeten – das tut mir leid, mein Lieber; – – aber Choiseul, Sie sind doch der armen Jeanette Freund?

CHOISEUL. Und Sie können einen Augenblick daran zweifeln?

POMPADOUR. Ich möchte vor meinem Tode mir noch eine Träne sichern. O, d'Amboise, was gäbe ich für eine Träne, eine heiße Menschenträne, so recht aus tiefster Seele an meinem Grabe geweint! Ich habe ein unschätzbares Leben unwiederbringlich verloren, meine Jugend hingeworfen für ein Phantom: »Ehrgeiz und Genuß«, – o, mein Schöpfer! *Sie faltet die Hände auf der Brust. Kurze Pause.* – Als ich noch jung war und blühend, da liebten sie mich alle, die Welt lag in Bewunderung vor mir auf den Knien, ja Maria Theresia selbst hat ihren Stolz vor mir gebeugt. – Jetzt fühle ich, wie sie von mir weichen. – Die Nation flucht mir, das Parlament, die Parteien warten auf meinen Tod, und dieser Ludwig sucht schon mit lauerndem Blick meine Nachfolgerin.

CHOISEUL *will sprechen.*

POMPADOUR. Unterbrechen Sie mich nicht, d'Amboise! – Einmal im Leben habe ich geliebt, eine kurze Zeit, aber heiß und unsäglich. – Als ich an den Hof kam, wußte man nicht und hat es nie erfahren, daß ich vor d'Etiolles schon das Weib eines anderen war.

CHOISEUL. Das ist unmöglich!!

POMPADOUR. Es ist so, d'Amboise. – Wer meine Eltern waren, wissen Sie. Ich lernte frühzeitig mein Zeitalter durch sie verachten. – Ich liebte einen armen Musiker, der sich sein winziges Brot in den Wirtshäusern verdiente, ich liebte ihn rein und wahr, das einzige Mal in meinem Leben. – Ich entlief meiner Mutter und ging zu ihm – aber ich kannte die Entbehrungen des Lebens nicht, ich wußte nicht, was Armut sei. Bei ihm lernte ich die Liebe, aber auch das Elend kennen. – Ach, nach einem Jahre schon nannte ich mich Madame d'Etiolles. – Da ich die Treue dem, den ich liebte, gebrochen, was Wunder, daß ich bei einem kühnen Geist, einem eisernen Willen, die Gebieterin Frankreichs geworden bin.

CHOISEUL. Und wie hieß dieser Mann?

POMPADOUR. Narziß, der Neffe Rameaus.

CHOISEUL *für sich.* Ha, doch!

POMPADOUR. Ich habe ihn lange nicht gesehn – im Rausche des Stolzes, im Bacchanal des Ruhmes habe ich mein Herz erstickt – aber seiner nicht vergessen. – Damit er leben sollte, habe ich ihm namhafte Summen durch seinen Oheim, den Musiker, zugewendet. Ich glaubte ihn vor Mangel zu schützen; – aber dieser gewissenlose Mensch, dieser geizige Schuft, den ich dafür mit dem Adel belohnte, hat die Summen unterschlagen, denn ich habe den Armen vor drei Tagen auf dem Boulevard du Temple gesehen, in Lumpen – in Lumpen!! – *Sie bricht fast zusammen, wimmernd.* und ich liebe ihn noch!

CHOISEUL *bleich und zitternd, indem er sie unterstützt.* Ha, sie stirbt in meinen Armen!

POMPADOUR. O nein, noch nicht! – – *Sie erholt sich.* Choiseul, geben Sie mir Ihr Wort, wenn ich gestorben bin – *knirschend.* stecken Sie diesen Erbärmlichen in die Staatsgefängnisse! Ohne Licht, ohne Lust, wie der habgierige Geier im Käfig soll er sterben!!

CHOISEUL. Ihr Wunsch ist mir heilige Pflicht.

POMPADOUR. Nun wissen Sie alles! – Mein Leben war eine Rache an dieser verwilderten Gesellschaft, diesem verfluchten Jahrhundert, das mich geboren, das mein Herz von Geburt an gegen die Tugend verhärtet, das mir mein Liebstes in den Staub trat. – Ich bin die täfelnde Eris Frankreichs gewesen, habe es an den Rand des Abgrunds geführt, in den es prasselnd stürzen, in dem es modern muß, bis eine blutgetaufte Zukunft die Arche des neuen

Geschlechts aus der Sündflut trägt!! – Sie haben meine Hand gefühlt, ich bin befriedigt! – *Kurze Pause.* Aber ich habe ihn wiedergesehn und die alten verlorenen Jahre, wie nagende Träume, sind mir zurückgekehrt. Aus blauen Kinderaugen schaut meine Jugendzeit mich an, bittend und bleich, und die weinende Erinnerung an verlorene Erdenschöne. – – Ich fühle nun nichts mehr, als den überwältigenden Ekel am Leben, ich freue mich auf die stille Stunde, in der der Tod kommt und dies welke Herz zusammendrückt; – schwarz und leer – hahahaha!

CHOISEUL *rasch und scharf.* Und die Vermählung?!

POMPADOUR *hastig.* Ha, sie muß beeilt werdet, ehe es zu spät ist, noch mit sterbender Hand will ich den König festhalten, bis ich den goldenen Reif am Finger trage!

CHOISEUL. Und um so mehr muß man die Vermählungszeremonie beschleunigen, als die Königin bereits unterrichtet ist.

POMPADOUR *wütend.* Bei der Verdammnis, wer tat mir das?!

CHOISEUL. Die Königin hat es durch die Schauspielerin Quinault erfahren, vorgestern, als Frau von Epinay die Holbachsche Soiree besuchte.

POMPADOUR. Was?! O Freundschaft, Freundschaft!! – Gut! – Nur Sie noch, d'Amboise – Sie sind der letzte! *Sie schellt.*

ERSTER KAVALIER *von rechts.*

Achter Auftritt

Die Vorigen. Kavalier.

POMPADOUR *kurz, schneidend.* Eintreten!

KAVALIER *öffnet links, dann rechts die Tür.*

SÄMTLICHE PERSONEN DES SECHSTEN AUFTRITTES
treten auf und beobachten dieselbe Ordnung.
DIE PAGEN *stehen im Hintergrunde.*

Neunter Auftritt

Die Vorigen. Alle übrigen Personen.

POMPADOUR. Marquise Epinay!

EPINAY *tritt vor, bestürzt.* Hohe Frau?!

POMPADOUR. Marquise, wir entbinden Sie sofort Ihrer
Pflichten gegen uns. Sie werden Versailles für immer
verlassen. – Wir denken, die Grimmsche Philosophie und
das *Intérêt personnel,* vielleicht auch die neuen Gönner,
die Sie zweifelsohne seit vorgestern sich erworben, werden
Sie entschädigen.

EPINAY. O Gott! – diese Verleumdung!

POMPADOUR. Schweigen Sie, meine Liebe, und seien Sie
ganz zufrieden, daß wir Sie nur mit dem Verlust unserer
Gnade bestrafen. Chevalier d'Atreuilles, begleiten Sie die
Dame vor die Tür.

EPINAY *überwältigt von Wut und Schrecken, geht wankend
am des zweiten Kavaliers durch die Mitte ab.*

POMPADOUR. Chevaliers, Sie sind entlassen. Ich wünsche,
daß man alles in kürzester Zeit zur Vermählung bereit
halte, in vier Tagen wird die Zeremonie stattfinden, wir
wollen's so! – Morgen früh erwarten wir Sie zum Vortrag
hierüber. Abbé Terray, Sie werden uns sofort zu Sr. Majestät dem König begleiten. Graf Dubarry, melden Sie uns
ihm. – Madame de Tencin?

EINE DAME *tritt vor.*

POMPADOUR. Sie übernehmen die Stelle der Marquise
Epinay! – *Indem sie eine grüßende Handbewegung macht*

und sich alle verbeugen, geht sie, von Terray geführt, nebst Damen, Chevaliers und Pagen links ab.

ALLE ÜBRIGEN *außer Dubarry und Choiseul, gehen rechts ab.*

CHOISEUL *kommt nach vorn.*

DUBARRY *beobachtet ihn im Hintergrunde.*

Zehnter Auftritt

Choiseul. Dubarry.

CHOISEUL *für sich.* Sie hat mich nie geliebt! – Ha, ein Gamin in Lumpen mein Nebenbuhler! – – Welch ein bodenloser Abgrund ist der Charakter dieser Frau! – Wie blendend, wie täuschend hat sie ihre Rolle gespielt, durch ein ganzes Leben! – Gigantisch feenhaft, und hat selbst des klugen Choiseul stolzes Herz betrogen! – Sie hat mich nie geliebt! – »Eitelkeit müssen Sie sich abgewöhnen, wenn Sie ein großer Mann sein wollen!« – Gut, Marquise, gut! – Choiseul ist der Sklave der Jeanette Poisson, der natürlichen Tochter des Gewürzkrämers – gewesen! Er wird die Lehre nützen, und – dich zertreten – dich und ihn! – Wenn sie aber ihren Sturz nicht überlebte, wenn – – Gott weiß es, ich habe nicht den Vorsatz, sie zu töten – aber stürzen – muß sie – – um jeden Preis!

DUBARRY *der langsam vorwärts gekommen.* Sind Sie einig mit sich, Herr Herzog?

CHOISEUL *ihn bei der Hand packend.* Ich bin's! – *Indem er sich wendet.* Morgen mehr davon! *Er will abgehen.*

DUBARRY *ihn aufhaltend.* Wohin so eilig?

CHOISEUL *starr.* Zu dem Helden unseres Dramas!

DUBARRY *erstaunt.* Sie haben ihn? – Den Narziß?

CHOISEUL *lachend.* Ich habe ihn!! *Er geht rasch durch die Arkaden ab.*
DUBARRY *folgt mit staunender Gebärde.*

Vierter Aufzug

Paris, Palais Royal. Salon der Königin.
Abend desselben Tages. Sehr nobler, doch prunkloser Salon,
ernst und würdevoll. Links und in der Mitte eine Tür. Links
und rechts ein Tisch, auf jedem ein brennender Armleuchter.
Mehrere Sessel.

Erster Auftritt

Die Königin sitzt, wenn der Vorhang aufgezogen wird,
am Tische links. Doris Quinault, die aus einem Buche
vorliest, neben ihr, nach der Mitte der Bühne zu.
Marquise de Boufflers beiden gegenüber an der anderen
Seite des Tisches. Prinz Conti und Saint-Lambert am
Tische rechts am Schachbrett.

QUINAULT *lesend.*
>»Was ich getan, ich tat's für beßre Zeiten,
>Ich leb' im Elend, aber nicht vergebens,
>Die Hoffnung möge ferner mich begleiten,
>Als Tröstung für die Leiden meines Lebens.«

Kurze Pause.

CONTI UND LAMBERT *verlassen das Schachbrett.*
KÖNIGIN. Das Gedicht ist sehr wahr und schön, liebe
Quinault. Ach, seinem Autor mag es wohl manchen Trost
gewährt haben, ihm, der sich an den Schöpfungen seiner
Einbildungskraft entschädigen konnte. – – – Es ist schon
spät, meine Lieben; ich besorge, wir müssen auf den Be-
such verzichten, den uns Vetter Conti und Kapitän Saint-
Lambert in Aussicht gestellt haben.

CONTI. Ew. Majestät, fast muß ich fürchten, wortbrüchig geworden zu sein. Ich habe zu Choiseuls Charakterfestigkeit nie Vertrauen gehabt, aber des Kapitäns Erzählung war schuld.

LAMBERT. Noch gebe ich's nicht ganz verloren, Majestät – wenigstens traue ich d'Amboise so viel Ehrenhaftigkeit zu, daß er Frankreichs Königin nicht ohne Antwort lassen wird.

KÖNIGIN. Glauben Sie das nicht, Lambert! – Nachdem man mir durch mehr denn zwanzig Jahre keinerlei Entehrung ersparte, wird man am wenigsten da Höflichkeitsrücksichten walten lassen, wo man mir den letzten tödlichen Streich versetzt. Ich habe im Leben so viel geweint, daß diese kleine Erbärmlichkeit mir keine Träne mehr entlockt. – Mein Entschluß steht fest! – Wenn das Ungeheure geschieht, und diese Generation nicht darob errötet, wenn kein Kabinett Europas das Schwert für eine schutzlose Frau in die Schale der erbärmlichen Gerechtigkeit dieses Landes zu werfen wagt – dann – *Herb.* dann werde ich – unterzeichnen!

CONTI *erbleichend.* Majestät!!

ALLE *fahren erschrocken auf.*

KÖNIGIN. Still, Vetter, ich will's! – Die wenigen Jahre, die mir der Gram noch übrig lassen mag, werde ich der Pflege meines königlichen Vaters, dem Andenken meiner Kinder widmen, die ich in dem undankbaren Frankreich lassen muß. – Vetter, veranlassen Sie alles Nötige zur Abreise. Habe ich die Scheidungsurkunde gezeichnet, verlasse ich dieses freudenlose Land für immer.

CONTI. So erlauben Sie mir, hohe königliche Frau, daß ich Sie begleiten darf. Meine Güter in der Provence und Anjou werde ich verkaufen, dies lügnerische Zeichen *Er reißt das Malteserkreuz empört von der Brust.* einer Größe und Entsagung, die ein hohler Schall für diese Welt geworden, will ich von mir werfen, damit die Welt sagen kann, Maria von Frankreich habe wenigstens einen Freund gehabt!

BOUFFLERS. O nehmen Sie uns mit, Majestät!

LAMBERT. Diese letzte Gnade –

QUINAULT *einfallend.* Und auch Ew. Majestät arme. Dienerin –

KÖNIGIN. Nicht doch, meine Kinder, nicht also. – Sie tun unrecht, Prinz, auf die Würde zu verzichten, die Ihnen ein Land gegeben, das selbst im Falle noch groß ist. Der Ehrenschmuck, den Sie von Ihrer Brust reißen, ist das heilige Zeichen unserer Erlösung, der Erlösung zu jenem fernen Gosen des Friedens, der Liebe, ist die Oriflamme der Befreiung unserer Seele von der Kleinheit dieses armen Daseins!

CONTI *entschlossen.* Ew. Majestät werden mich nicht zwingen wollen, daß ich selbst gegen Ihren Befehl Ihnen folge!

BOUFFLERS. O, erlauben Sie es uns!

KÖNIGIN *reicht Conti und der Marquise die Hand zum Kuß.* Ich danke Euch, lieber Vetter, und Ihnen, meine treue Boufflers. Wenn Ihr's denn wollt – sei es so – aber keinesfalls werde ich zugeben, daß Saint-Lambert, am wenigsten, daß mich die arme kleine Quinault begleite.

SAINT-LAMBERT UND QUINAULT *sind herangetreten, letztere sinkt ihr zu Füßen und bedeckt ihre Hand mit Küssen.*

KÖNIGIN. Lieber Lambert, Sie sind mittellos, der Degen ist Ihr Gewerbe, und es ist ein edles. Dienen Sie Frankreich ferner, bewahren Sie Ihre Kraft meinem königlichen Sohne, dem Dauphin, damit es ihm gelingen möge, die Lilien aus dem Staube zu erheben. *Sie legt die Hand auf Quinaults Haupt.* Sie, *ma mignonne,* müssen Ihrem Berufe folgen. Sie sind jung, schön, voll Talent, geachtet und geliebt von jedermann; verlassen Sie den ehrenvollen Pfad des Ruhmes nicht, liebes, teures Mädchen *Sie küßt sie bewegt auf die Stirn.* und wenn Sie unglückliche Königinnen, gekränkte Frauen und Mütter, beklagenswerte Töchter darzustellen haben, werden Sie um – das Vorbild nicht verlegen sein. *Sie preßt die Hand an die Stirn, dann steht sie auf.*

QUINAULT *erhebt sich.*

DIE ÜBRIGEN *treten zurück.*

KÖNIGIN. Lebt wohl für heute, Kinder! – *Matt.* Kommen Sie in mein Kabinett, liebe Boufflers. – *Sie wendet sich zum Gehen.*

CONTI, SAINT-LAMBERT UND QUINAULT *verbeugen sich.*

DIENER *durch die Mitte, bringt auf einem silbernen Teller einen Brief.*

Zweiter Auftritt

Die vorigen. Diener.

KÖNIGIN *innehaltend.* Was bringen Sie, mein Freund?

DIENER. Majestät, ein Fremder hat diesen Brief an den Herrn Chevalier von Saint-Lambert übergeben, er wartet im Vorzimmer.

KÖNIGIN. Ha!

CONTI. Wißt Ihr, wer es ist?

DIENER. Nein, königliche Hoheit. Der Mantel bedeckt sein Gesicht. *Er präsentiert Lambert den Brief.*

LAMBERT *ihn erbrechend, rasch.* Er ist's! Er ist da! *Er gibt den Brief an Conti.*

KÖNIGIN. Mein Gott, es wäre noch Hoffnung? *Sie hält sich bewegt am Tische fest, setzt sich nieder.*

CONTI *der einen Blick in den Brief geworfen.* Fassen Sie sich, Majestät, er ist es. – In diesem Augenblick wendet sich vielleicht Frankreichs tränenvolles Geschick.

KÖNIGIN. Ich bin ruhig. *Zum Diener.* Lassen Sie den fremden ein.

DIENER *geht durch die Mitte ab.*

CHOISEUL *tritt hastig durch die Mitte ein, sieht plötzlich die Königin und sinkt ihr lautlos zu Füßen. Pause.*

Dritter Auftritt

Die Vorigen. Choiseul.

KÖNIGIN *bewegt.* Sie haben also doch Wort gehalten, Herr Herzog? – Das überrascht mich. Ich war auf Ihren Besuch nicht mehr vorbereitet. – Daß Sie eine Unglückliche wenigstens in ihrer letzten Hoffnung nicht betrogen haben, verdient meinen Dank. Stehen Sie auf.

CHOISEUL. O, lassen Sie mich knien, knien vor der tränengeborenen Frau, die in dem Namen Choiseul alle Kränkung, allen Jammer ihres erhabenen Herzens zusammenfaßt. Ich bin zu Ew. Majestät gekommen, ein Reuiger, der die unheilvolle Verkehrtheit seiner Laufbahn durch rastlose Hingebung und Treue für die Sache seiner Fürstin zu tilgen lechzt und den Frieden seiner Seele wiederfinden möchte.

KÖNIGIN. Sie setzen mich wahrhaft in Erstaunen! – Nun, eine Reue wie die Ihrige kann nicht erheuchelt sein; – was nützte Ihnen auch der Trug, bei einer Frau, die der Täuschung so gewöhnt ist. – Seien Sie herzlich willkommen!

CHOISEUL *steht auf.*

KÖNIGIN. Was habe ich zu hoffen?

CHOISEUL. Alles, Majestät! Alles! Choiseul hätte nie gewagt, die Schwelle des Palais Royal zu betreten, wenn er nicht ein Unterpfand brächte für die Echtheit seiner Gesinnung.

KÖNIGIN. Wär's möglich, Choiseul?!

CHOISEUL. Ja, Majestät. – Diese Zeremonie wird nie vonstatten gehen, die Marquise de Pompadour verläßt den Hof für immer, und Maria wird wieder die Gattin Ludwigs von Frankreich sein!

KÖNIGIN *entzückt*. Vetter! Meine Kinder! – Das ist zu viel des Glücks, zu viel!

ALLE *außer Conti sind in freudigem Erstaunen zu ihr getreten.*

KÖNIGIN *reicht Choiseul die Hand.* Tausend Dank, Herr Herzog.

CHOISEUL. O Majestät, Sie lohnen vor der Tat! *Er küßt ihre Hand.*

BOUFFLERS *mißtrauisch.* Täuschen Sie uns auch nicht, Herr Minister?

CONTI *ebenso.* Und wie wäre das möglich!

CHOISEUL. Fragen Sie nicht, Prinz, es ist so, wie ich sage. Alles ist ein Geheimnis, ein gefährliches Geheimnis. Der König selbst wünscht diese Verbindung nicht, er war bisher nur zu schwach, zu sehr umgeben von den Freunden dieser Frau, um offen seine Willensmeinung zu vollstrecken – aber die Pompadour wird fallen, Majestät, oder Sie sollen Choiseul-d'Amboise nicht wiedersehen! – Wenn ich nun aber handeln soll, muß ich wenigstens die Überzeugung haben, daß Sie ein wenig – Vertrauen in meine Maßnahmen setzen, Majestät.

KÖNIGIN. Ich vertraue Ihnen. Sie jetzt zu beargwöhnen, wo Sie vielleicht Ihr Leben in die Schanze schlagen, wäre mir eine ewige Schmach.

CHOISEUL. Majestät, die Tat soll mein Dank sein. – Ich werde vorerst den Hof zu Versailles von jenen Erbärmlichen säubern, die die Atmosphäre des Königs vergiftet haben. – Seine königliche Hoheit der Herr Prinz von Conti wird vielleicht morgen die Gnade haben, mit mir die nächsten nötigen Verabredungen treffen zu wollen.

CONTI. Sehr gern, Herr Herzog.

CHOISEUL. Vor allen Dingen, Ew. Majestät, muß ich mich aber der Hilfe der Demoiselle Quinault und eines Mannes, Namens Narziß Rameau, versichern, dessen Aufenthalt die Dame allein weiß. Beide sind mir zum Sturze der Marquise unerläßlich.

KÖNIGIN. Sie setzen mich in Erstaunen, Herzog! Also er steht doch mit dem Schicksal dieser ehrgeizigen Frau in Verbindung?

QUINAULT *für sich.* O, ich hab's geahnt!

CHOISEUL. Er gleicht ihrem ersten Manne, d'Etiolles, wie ein Tropfen Wasser dem anderen. Sein unvermuteter Anblick erschütterte sie auf dem Boulevard du Temple, sein Anblick vor dem versammelten Hofe wird sie beschämen und in dem stolzen Augenblick an den Pranger stellen, wo sie ihre Vergangenheit ehrlich zu machen hofft. – Sie wird den Hof für immer verlassen. Ich stehe dafür ein.

KÖNIGIN. Herzog, Herzog, welch luftige Brücke bauen Sie auf die gekränkte Ehre einer – solchen Frau!

CHOISEUL. Auf ihre Ehre nicht, auf ihre zum Tode verwundete Eitelkeit, auf den öffentlichen Eklat habe ich gebaut. Majestät, bin ich der Hilfe dieser beiden Personen versichert, so schwöre ich bei dem Allmächtigen, daß sie den Hof verlassen soll!

QUINAULT. Dann wird die gerechte Sache unserer erhabenen Dulderin siegen! *Sie tritt zu Choiseul.* Ich begebe mich in Ihre Gewalt, Herzog – blindlings! Befehlen Sie, was geschehen soll, und Sie werden Doris Quinault selbst vor dem Tode nicht erbeben sehen.

KÖNIGIN. Nein, Herzog, das dulde ich nicht! Dieses arme Mädchen, die der unglücklichen Maria Freundin in Not und Trübsal war, darf nicht gefährdet werden.

CHOISEUL. Niemand soll sie kränken, nichts soll sie bedrohen, solange Choiseul atmet. Wir alle werden in der verhängnisvollen Stunde um sie sein, und an jenem Tage wird der Kapitän Saint-Lambert die Schloßwache in Versailles kommandieren.

KÖNIGIN. Dann bin ich beruhigt.

CHOISEUL *zur Quinault.* Darf ich Sie, mein Fräulein, in zwei Stunden mit diesem Narziß in Ihrer Wohnung sprechen?

QUINAULT. Wenn Ihre Majestät mich beurlauben? –

Zur Königin herantretend, welche ihr beide Hände entgegenstreckt, sie an sich zieht und der Niederknienden die Stirn küßt.

KÖNIGIN. Gehen Sie mit Gott, mein liebes hochherziges Kind. Er sei mit Ihnen! – Überlegen Sie alles wohl, Chevaliers, damit kein neuer Schritt neues Unheil über Frankreich bringe. *Sie erhebt sich und geht grüßend mit Boufflers links ab.*

DIE ÜBRIGEN *verbeugen sich.*

QUINAULT *geht, sich gegen Choiseul verbeugend, durch die Mitte ab.*

CHOISEUL, CONTI UND LAMBERT *kommen dann vorwärts.*

CONTI. Wann kann ich Sie morgen erwarten, Herr Herzog?

CHOISEUL. Um die Dämmerung, Hoheit, es ist sicherer. Herr von Saint-Lambert hat die Gefälligkeit, zugegen zu sein.

LAMBERT *verbeugt sich.*

CONTI. Das ist gut! – Sie haben Ihre Majestät die Königin lange nicht gesehen, Herr Herzog – sie hat sich sehr verändert.

CHOISEUL. Jawohl, mein Prinz – sie ist die Niobe Frankreichs geworden.

CONTI *finster.* Frankreichs Niobe! – *Er geht grüßend links mit Saint-Lambert ab.*

CHOISEUL *verbeugt sich, fährt mit der Hand über die Stirn, tief aufatmend.* Nun ist's entschieden! *Er geht langsam durch die Mitte ab.*

Verwandlung.

Wohnung der Quinault denselben Abend, später. Dekoration und szenische Einrichtung genau wie im zweiten Aufzuge. Matte Beleuchtung, ein Licht brennt auf dem Tische.

Vierter Auftritt

Narziß allein.

NARZIß *kommt langsam von links.* Diese grauenerregende Langeweile! – Schon zwei Tage sitze ich hier im Käfig und weiß nicht, was ich mit mir anfangen soll. – Wenn sie wenigstens zu Hause wäre, daß man plaudern könnte – aber so sitzt sie den ganzen Tag bei der Königin. Wahrscheinlich hecken sie die große Tat aus, die ich begehen soll. – Das, scheint mir, ist auch die alte Fabel von dem Affen und den Kastanien – ich bin nur neugierig, wie weit ich mir die Pfoten verbrennen werde. – Ich soll, sagt sie, eine große Tat, etwas Edles tun – sie will mich zu einem ordentlichen Menschen machen – hm! – Gibt's denn edle Taten, wahrhaft edle? – Es muß doch! Ich spür's an der Lust, die mich manchmal anwandelt, gut zu sein. – *Er geht auf und ab.* Ich weiß gar nicht, mir ist heute ganz eigen hier herum! *Er faßt sich ans Herz.* So weinerlich, so kläglich. – Mir ist, als sollte ich fort und müßte von so vielen Abschied nehmen. – Sollt's schon mit mir zu Ende gehn? – Nein! Ein Etwas sagt mir, ich werde sie finden, werde Jeanetten, eh' ich sterbe, noch wiedersehn

– Er wirft sich in den Sessel, längere Pause. Einbildungen sind doch ein prächtiges Ding, wenn man das Talent hat, zu jeder Zeit welche haben zu können. Wenn die nicht wären, ich wäre längst tot. Wie hätt' ich's nur die zwei Tage aushalten sollen; – aber nun macht sich's. *– Imaginierend.* Das ist meine Wohnung – ich zahle dreihundert Frank dafür. Na, meine Frau hat ja geerbt, und nun können wir uns pflegen. *Er sieht nach dem Kamin hin ins Leere.* O, ich sehe sie – sie macht ein Spitzenhäubchen zurecht, sie will es aufsetzen, wenn wir morgen in den *Champs Élysées* spazierengehn. Ich gehe mit ihr Arm in Arm zum Tor hinaus. Alles sieht uns an, die vornehmen Laffen lorgnettieren, kokettieren, aber meine Frau achtet nicht darauf. Hei, da ist Musik, komm, laß uns tanzen, Schatz! Lalala, trallala! *– Er tanzt umher und sieht plötzlich den Chinesen und fährt auf.* Teufel, der Pagode! – Stiert mich der Kerl mit seinem langweiligen Gesicht an, und die Illusion ist weg; – so geht's aber immer, sie hält nie Stich. *– Er springt auf.* Bei des Satans Klauen, ich halt' es nicht mehr aus! – – *Er tut einige Schritte.* Aber sie hat mir versprochen, dieser Zustand soll heute abend ein Ende nehmen, so oder so! – Ich will noch warten, denn ich hab' ihr mein Wort gegeben. *Er setzt sich. Kurze Pause.* Es wird recht hübsch sein, wenn sie mich begraben werden. – Sechs Kerle tragen mich hinaus im Fuhrmannsschritt. Hihi, und den Branntwein, den die Totengräber trinken werden, wenn sie mich in das Loch tun; – aber es ist doch traurig, recht traurig. Ich weiß wohl einen, der an meinem Grabe recht weinen würde, wenn er's könnte, und das bin ich selber. *– Er springt auf, wischt sich die Stirn.* Pah! Wir sind doch eigentlich eine abgelebte Spezies; – der Puls des Menschengeschlechts geht langsam, *er sieht den Chinesen.* – lauter Pagoden auf dem Nipptisch unseres Herrgotts! *Er tritt zur Figur.* Komm herab, Bursche, und laß dich besehen! *Er hebt die Figur vom Sims, setzt sie*

links auf den Tisch und stellt sich vor sie hin. Du siehst dick genug aus für einen Krösus dieser Welt. – Gibt es eine Entwicklung des Menschengeschlechts? – ja? *Er stößt an die Figur, sie nickt mit dem Kopfe.* O ja! Natürlich, er weiß es, er ist gelehrt und reich dazu; – ein Mitglied der *Académie française* vielleicht? – ja? – *Er stößt wieder an die Figur.* Richtig, dacht' ich's doch gleich! – Sagen Sie mir, Herr Professor, gibt es eine Vorsehung, ein großes Urbild unseres Selbst, das uns geschaffen, gibt es ein Land der Verheißung und des Friedens, das die vereint, die hienieden getrennt waren? Gibt es das? *Er stößt an die Figur.* – O ja! natürlich! – – Aber verzeihen Sie nur, der Weiseste, Frömmste kann sich der Zweifel nicht immer erwehren, besonders wenn er nichts zu essen hat. Es wäre doch möglich, es gäbe nichts von dem allen, der Weltbau wäre nur ein Konglomerat bewegter Materie und der Magnetismus die *persona agens,* die an den Stoff gebunden ist? Habe ich nicht recht? – *Er stößt an die Figur.* Haha-haha, das ist dein Wissen, das dein Charakter! Verfluchtes Geschlecht! *Er wirft mit einem Faustschlage die Figur zu Boden, daß sie zerschellt.* Geh in Scherben!! – – – *Er wirft sich in den Sessel und stützt den Kopf in die Hand, dann richtet er sich langsam auf, schmerzlich.* O, gibt es ein bejammernswerteres Geschöpf als den Menschen? – Ein Wurm mit Seraphsschwingen, der zum Drachen wird, um sich von seiner eigenen Brut zu mästen! – – – *Er geht langsam ans Fenster und öffnet es, das Licht ist im Verlöschen.* Ihr ewigen Lichter da droben, ihr strahlenden Augen, die mir schwermütig ins gebrochene Herz schauen, seid ihr auch bevölkert mit Kindern des Grams, wie dieser taumelnde Ball? – Ihr seid wie Brüder da droben, einig in Liebe zieht ihr harmonisch um eure Sonnenmutter, ein Volk von stillen, heiteren Gesellen, ein ewig süßes Bild, ein Ideal, ein unerreichbares! – *Glühend.* O Sehnsucht, Sehnsucht, du hältst das Weltall zusammen, du bist doch

das beste am Leben. Ach, wer keine Sehnsucht mehr fühlt, ist wert zu sterben, zu faulen! O mein Gott, erhalte mir die Sehnsucht! – – *Er versinkt in Nachdenken.*
DORIS QUINAULT *kommt durch die rechte Mitteltür.*
COLETTE *folgt ihr mit brennendem Armleuchter.*

Fünfter Auftritt

Narziß. Doris Quinault. Colette.
Volle Beleuchtung.

QUINAULT. Guten Abend, lieber Narziß!
NARZIß *fährt zusammen.*
QUINAULT. Sie haben recht lange auf mich warten müssen. *Indem sie sich wendet.* O, Sie haben mir meinen Pagoden zertrümmert!
NARZIß. Ich habe aus Langerweile Vorsehung gespielt. Beruhigen Sie sich, Doris, es gibt in der Welt so viele Pagoden, daß es keine Rarität mehr ist, einen unter den Nippsachen zu haben. – Sie scheinen auch nicht sehr heiter zu sein, Sie waren bei der Königin und bringen wahrscheinlich das versprochene Resultat?
QUINAULT. Ich bringe es, Narziß. *Zu Coletten, die den Leuchter auf den Tisch gestellt.* Nimm die Scherben fort, Colette, und laß uns allein.
NARZIß *während Colette die Scherben in die Schürze rafft.* Scherben und Kehricht und der Jüngste Tag!
COLETTE *geht durch die linke Mitteltür ab.*
QUINAULT. Was meinen Sie damit?
NARZIß. Den Jüngsten Tag, wo alle Pagoden zusammengeleimt werden. Es wird eine defekte, aber recht ehrbare Versammlung geben.
QUINAULT. Ich verstehe Sie nicht, lieber Narziß, nur fühle ich, wie düster es in Ihrer Seele aussieht. *Sich umsehend.*

Wir sind allein, Rameau, ich erwarte jeden Augenblick den Herzog Choiseul, er wird hierherkommen.

NARZIß. Choiseul?! Was, der Feind der Königin, der Vertraute der Pompadour?

QUINAULT. Er ist es nicht mehr. Er hat die Sache seiner unglücklichen Königin ergriffen, denn der Augenblick ist gekommen, um ihr zu ihrem Rechte zu verhelfen!

NARZIß. Du fabelst, Mädchen!

QUINAULT. Sie werden es selbst sehen, Narziß. Die Marquise de Pompadour wird vom Hofe entfernt und Maria Leszczynska wieder Königin von Frankreich werden. Alles ist vorbereitet, es wird, es muß gelingen, uns fehlt nur der Beistand, die treue Hingebung, die stolze Todesverachtung eines Mannes!

NARZIß. Was Teufel, und wer ist's denn?

QUINAULT. Es ist ein Mann von großem, edlem Gemüt, von trefflichen Talenten, wert, daß man ihn mit Achtung nenne in der Welt; er ist unglücklich, verachtet, aber im Unglück bei der Verachtung der Welt groß – es ist Narziß Rameau!

NARZIß. Mädchen, bist du rasend, bist du toll?? – Treibe keinen Spott mit mir! – Ich bin nicht dumm genug, zu glauben, was du sagst, nicht Narr genug, mir einzubilden, daß ich der Königin einen solchen Dienst zu tun vermöchte!

QUINAULT. Du bist's! Du wirst es tun! Das ist die Tat, die ich dir aufgespart habe, für die ich Ehre und Leben wagen möchte, wenn du sie tust!

NARZIß. Aber mir wirbelt das Hirn! Das ist phantastisch, rein lächerlich! Ich, ich Rameau, der Winzige, Verlachte, soll dieses Riesenweib vom Platze stoßen, vor der die halbe Welt sich beugt?! – Der Plan ist erzdumm, ich tauge nicht dazu.

QUINAULT. Hören Sie mich, Narziß, und Sie werden Selbstvertrauen gewinnen. – Ehe die Marquise de Pompa-

dour an den Hof kam, hatte sie einen Mann, den Finanzpächter d'Etiolles.

NARZIß. Ah, richtig! Ich erinnere mich, Sie fragten mich
auch einmal nach ihm!

QUINAULT. Diesem Manne, den sie gewissenlos verließ,
obgleich er mit heißester Liebe an ihr hing, der vor Gram
über ihre Untreue gestorben, diesem Manne gleichen Sie
Zoll für Zoll!

NARZIß. Das ist aber sonderbar!

QUINAULT. Als Sie an jenem Tage auf dem Boulevard du
Temple waren, sah Sie die Marquise, die eben vorüberfuhr.
Sie tat einen Schrei: »Narziß« und brach ohnmächtig zu-
sammen – sie wurde todkrank nach Versailles gebracht.
– Begreifen Sie nun, warum die Epinay Sie fragte, warum
ich Sie von Holbach entführte?

NARZIß. Recht, recht! Aber sie nannte doch *meinen* Namen
zum Henker?!

QUINAULT. So sonderbar uns allen dies scheinen mag, so
kann man doch nur annehmen, daß auch d'Etiolles Narziß
geheißen habe, denn es steht fest, daß Sie ihm täuschend
ähnlich sehen. Der Mann selbst ist tot, also kann Ihr
Anblick sie allein erschüttert haben.

NARZIß. Das ist wahr. *Kurze Pause.* – Anders kann's nicht
sein!

QUINAULT *rasch fortfahrend.* Die Marquise de Pompadour
ist, wie Sie wissen, seit lange kränklich, und da sie das
Ende ihres Lebens nahen fühlt, will sie es nicht beschlie-
ßen, ohne das Ziel ihres Ehrgeizes erreicht zu haben. Sie
wird in diesen Tagen dem König angetraut und die Königin von ihm durch einen unerhörten Akt des Zwanges
geschieden werden. Doch nein, das soll nicht geschehen!
Du, du wirst das entehrte königliche Weib, die entweihte
Fürstin und Mutter retten, bewahren vor Wahnsinn und
Verzweiflung! Du wirst dieses gewissenlose Weib, die ihren
armen Mann verließ, wie Jeanette dich – du wirst sie

durch deinen Anblick, deine Gegenwart zermalmen, wirst ihre bübische Vergangenheit vor dem gesamten Hofe, ein Racheengel, ihr vor die Füße werfen, und alle Tränen unserer armen Königin, unseres gesunkenen Vaterlandes werden von dir, durch eines Bettlers Hand, getrocknet sein!! – *Sie breitet die Hände aus.* Narziß, kein Preis ist groß genug, um dir diese Tat zu belohnen!!

NARZIß. Welche Umwandlung geht mit mir vor? – Wie zu Bergeshöh' bin ich gehoben und schau' die Welt in einer neuen Sonne, an einem neuen Tage! *Hervorbrechend.* Ja, diese Tat ist göttlich schön – so schön, daß ich sie mir selbst kaum gönne! – Narziß, du hast jahrelang gelebt in Elend und Schande, man hat dich gestoßen wie einen Hund von Tür zu Tür, und wenn der Wahnsinn aus dir grinste, haben sie gelacht und dich geneckt, wie den Affen hinter dem Gatter. Da hast du nicht gedacht, armer verkommener Kerl, daß einst Frankreichs Los von deinem Ja und Nein abhängen werde! – Ja, ich werd' es tun, Doris! – Und hier an dieser Stelle will ich beten, beten zum erstenmal zu dem unerklärlichen großen Etwas, das die Gelten zusammenhält – denn ich erkenne: es gibt eine Gerechtigkeit über den Sternen, die auch den erbärmlichsten Wurm zu Ehren bringt! – *Er kniet am offenen Fenster nieder und betet. Kurze Pause.*

COLETTE *kommt durch die rechte Mitteltür.*

Sechster Auftritt

Die Vorigen. Colette.

COLETTE. Der Herr Herzog von Choiseul!

QUINAULT *winkt ihr, sich still zu verhalten, und deutet auf Narziß. Kurze Pause.*

NARZIß *erhebt sich.*

QUINAULT *winkt Colette, den Herzog einzulassen.*
COLETTE *geht ab.*
NARZIß. Ich danke dir, du liebes Mädchen, deine Bemühungen, mich zu erheben, sind nicht nutzlos gewesen.
CHOISEUL *im Mantel, tritt durch die rechte Mitteltür ein.*
NARZIß UND QUINAULT *verbeugen sich.*

Siebenter Auftritt

Die Vorigen. Choiseul.

CHOISEUL *der Narziß einen Moment spöttisch betrachtet, den Mantel und Hut ablegend.* Mademoiselle, das ist vermutlich Herr Narziß Rameau?
QUINAULT. Ja, Exzellenz. *Zu Narziß.* Der Herr Herzog von Choiseul.
NARZIß. Meine Reverenz! *Er verbeugt sich.*
CHOISEUL *reicht ihm die Hand.* Ich freue mich, einen Mann kennen zu lernen, der mir schon längst als witziger Kopf der Residenz bekannt ist.
NARZIß *pikant, doch harmlos.* Bitte! Wenn ich wirklich witzig bin, so ist's, weil ich arm bin; die Not stärkt die Erfindungsgabe. Wäre ich reich, vielleicht wär's aus mit meinem Witze.
CHOISEUL. Ah, Sie geben mir gleich eine scharfe Probe Ihrer Fähigkeiten. Es gibt aber Ausnahmen von Ihrer Regel, Sie dürften eine solche bald kennen lernen. – *Zu Quinault.* Da eben von Probe die Rede ist, haben Sie den Herrn vorbereitet? Weiß er, um was es sich handelt?
QUINAULT. Er weiß alles, Exzellenz, und ist zu allem bereit.
CHOISEUL. Sehr schön, sehr edel!
NARZIß. Eine Frage nur, Exzellenz. Wie nannte sich der erste Mann der Marquise de Pompadour?

CHOISEUL *stutzig.* Wieso? *Lächelnd.* Ah ja, er nannte sich Narziß François d'Etiolles und war Finanzpächter.

NARZIß. Dann ist es richtig.

CHOISEUL. Nun, da Sie in alles, wie ich bemerke, eingeweiht sind, mein Lieber, so wollen wir über den Plan sprechen, den ich entworfen habe. *Er setzt sich.* Ich habe eine Tragödie, das Erstlingswerk eines jungen Dichters, mitgebracht, *Er zieht einige Blätter Papier hervor.* von der wir den ersten Akt übermorgen in Versailles darstellen werden; ich denke, er wird seine Wirkung tun. Die Tragödie heißt: »Athalia, Königin von Juda.« Sie, Mademoiselle, spielen die Athalia, eine Fürstin, die sich durch Ehebruch auf den Thron schwang. In entscheidender Stunde tritt ihr erster Mann, Samuel – Sie, Herr Rameau – vor sie hin und wirft ihr ihre Verbrechen vor. Das wird genügen.

QUINAULT. Die Begebenheit ist treffend, es muß gelingen!

NARZIß. Und ich will den Samuel spielen, daß Athalia wohl erbleichen soll!

CHOISEUL. Hier sind die Rollen, lassen Sie uns die Szene durchgehen.

NARZIß UND QUINAULT *nehmen die Rollen und treten vis-à-vis Choiseul.*

QUINAULT *aus der Rolle rezitierend.*

»Die Nacht bricht an. Auch meine Lebenssonne
Neigt trübe sich dem Grab im West entgegen –
Und diesem Dunkel, das mich rings umgähnet,
Entschlüpft ein Heer gespenstischer Gesellen,
Die, mit gebrochnem Herzen, starren Auges
Die Schmach und Schande schwatzhaft mir erzählen,
Die sie durch mich im Leben einst erduldet! –
Weh! Und noch einer kommt heran so bleich!
Weh mir! Mein erster Gatte! – – –«

NARZIß *hervortretend, rezitiert aus der Rolle.*

»Ja, sieh her!
Ich bin's, den du verachtet und verstoßen!

Ich reiße dir dein gleißend Diadem,
Das du aus meinen Tränen dir gewoben,
Herab, damit die bange Welt dich kenne
Und deinen Namen mit Verachtung nenne!
Verdammt vor Gott, verdammt an Seel' und Leib,
Durch Buhlsucht Fürstin, eines Bettlers Weib!«

Er wirft in Ekstase die Rolle von sich.

Ja, das bist du, Elende, die mit dem Purpur das Entsetzen
umsonst bedeckt, das sie bei meinem Anschauen empfin-
det! Zerfalle, vergehe, du Staub zum Staube!!! – *Er hält
erschöpft inne.*
CHOISEUL *aufspringend, mit Beifallklatschen einfallend.*
Bravo, vortrefflich, Narziß! – Zerfalle, vergehe, du Staub
zum Staube! Hahahaha!!

Der Vorhang fällt rasch.

Fünfter Aufzug

*Versailles zwei Tage später. Abend. Salon der Marquise de
Pompadour.*
*Szeneneinrichtung und Dekoration wie im dritten Aufzug.
Die Arkaden sind aber nun durch Vorhänge geschlossen, und
die Szene durch Girandolen und Kandelabers brillant erleuch-
tet. Außer dem Sessel der Pompadour und einer Ottomane
rechts im Hintergrunde ist die Bühne ohne alles Mobiliar.*

Erster Auftritt

Choiseul und Dubarry im Gespräch.

DUBARRY. Aber ich bin noch immer nicht durch Ihre
   Gründe beruhigt. Sie sagen allerdings, der Kommandieren-
   de der Palastwache sei zuverlässig, die Wirkung des Zu-
   sammentreffens auf die Marquise unausbleiblich – ganz
   gut – wenn es aber doch mißlänge?
CHOISEUL *verächtlich.* Beruhigen Sie sich nur, Kammerherr.
   Wenn Sie Choiseul werden erbleichen sehen, dann erst
   mögen Sie das Spiel verloren geben. Ich habe die Tat un-
   ternommen, also überlassen Sie mir den Ausgang. Und
   gesetzt, es mißlänge, wer wird der Gefährdete sein? Nur
   ich. Dem kleinen Dubarry traut man derlei Dinge nicht
   zu. Begeben Sie sich nun zu dem Hofstaat in die Anticham-
   bres, ich habe noch nicht alles beendigt, und Sie stören
   mich.
DUBARRY. Nun denn, da Sie so sicher sind, viel Glück.
   Vergessen Sie unser Übereinkommen nicht. *Er geht rechts
   ab.*
CHOISEUL. Geh nur, mein Mäuschen, geh in die Falle! *Vor
   sich hinstarrend.* Sie bleibt doch ein gigantischer Charak-

ter! – Fast reut mich's. – Ihr Fall wird Aufsehen durch Europa machen. O, und wie habe ich dieses Weib geliebt! – Diesen Narziß! *Auffahrend.* Der Gedanke macht mich zu Eis! *Er öffnet ein wenig den Vorhang der Arkaden und gibt ein Zeichen.*
DORIS QUINAULT *durch die Mitte.*

Zweiter Auftritt

Choiseul. Quinault.

QUINAULT. Sie haben befohlen, Exzellenz! *Pause.*

CHOISEUL. Der Augenblick ist da, mein Fräulein. Zeigen Sie nun, was Sie für Ihre Königin zu tun vermögen. Fassen Sie Mut, und wir werden siegen.

QUINAULT. Exzellenz, den habe ich, obwohl mir das Herz schlägt.

CHOISEUL. Das Unternehmen ist groß und schwer. Wir haben zwar eine kranke Löwin zum Ziele unserer Jagd, aber es ist immer eine Löwin. Bieten Sie Ihre ganze Kunst auf, um den Verdacht zu meiden, daß Sie wüßten, warum Sie spielen. Sie sind übrigens von Freunden umgeben, also seien Sie kaltblütig. Eine Ungeschicklichkeit und Maria von Frankreich ist verloren.

QUINAULT. Das fühle ich, Herr Herzog!

CHOISEUL. Bedenken Sie ferner, daß wir, wenn die Marquise erst den Narziß Rameau gesehen, unseres Sieges sicher sind.

QUINAULT. Und wie können Sie das mit solcher Bestimmtheit sagen, Exzellenz? – Wer will bei der Marquise mit Gewißheit vorhersagen, was sie erschüttern wird?

CHOISEUL. Ich kann es, denn ich weiß, daß sie's nicht ertragen kann, den Mann in Lumpen als ihren Ankläger vor sich zu sehen, den sie einst geliebt und verlassen, dessen Andenken sie aber begleitet hat durchs ganze Leben; das muß sie niederschmettern!

QUINAULT *sieht ihn erschrocken an, dann verständigend.* Den Finanzpächter d'Etiolles meinen Sie?

CHOISEUL. Den Narziß Rameau meine ich.

QUINAULT *starr.* Um des Himmels Erbarmen, was sagen Sie?

CHOISEUL. Ja, ich bin sicher meines Sieges, denn Jeanette Poisson wird ihre Schande gesehen müssen beim jähen Anblick ihres ersten Gatten!

QUINAULT *entsetzt.* Die Pompadour ist das Weib des Narziß?!

CHOISEUL. Nicht so laut, Mädchen – sie ist es!

QUINAULT *jammernd.* O mein ewiger Schöpfer, was hab' ich getan! – Ich Meineidige, ich Unselige! *Flehend.* Ersparen Sie dieses entsetzliche Wiedersehen dem armen schuldlosen Menschen!

CHOISEUL *erstaunt und zugleich ängstlich.* Mädchen, das ist zu spät, sie muß fallen! – Bedenke die Königin!

QUINAULT. Die Königin?! – *Gebrochen.* O, ich werde spielen! *Sie geht durch die Mitte ab.*

Dritter Auftritt

Choiseul. Stimmen von außen.

CHOISEUL *nach der Tür links eilend, öffnet sie und spricht hinauf.* Gardist, war jemand in dieser Galerie?

STIMME *von draußen.* Niemand!

CHOISEUL. Zieh dich zurück in den Seitengang! *Er schließt die Tür und eilt zum Eingang rechts, den er öffnet.* Kam niemand zu dir, Posten?

STIMME *von draußen.* eine Seele!

CHOISEUL. Deine Wache ist zu Ende, geh in die Arkaden zu den Kameraden. *Er schließt die Tür.* Ha, Gott sei gelobt, keiner hat gehört! – *Er bleibt sinnend stehen. Pause.* Ja, es ist so! Das Mädchen muß diesen Mann lieben. Mit solcher Todesangst konnte nur die Liebe sprechen! – Dieser Bettler! – Geliebt von zwei Frauen, gleich groß in ihrer Art, gleich schön und beneidet – beide getragen von dem Staunen der Mitwelt – und du, Choiseul, auf deiner einsamen Höhe, was hast du? *Neidisch.* Ha, wenn dieser Mensch stirbt, kann er mit bleicher Lippe noch den d'Amboise höhnen, der Bettler den Lenker Frankreichs! – *Er versinkt in Nachdenken.*

MARQUISE DE POMPADOUR UND DREI HOFDAMEN *von links.*

Vierter Auftritt

Die Vorigen. Pompadour. Hofdamen.

POMPADOUR *Choiseul eine Weile betrachtend, dann.* So in Gedanken, Herzog?

CHOISEUL *prallt erbleichend zurück.* Ha!

POMPADOUR. Und so außer Fassung, so erschrocken bei meinem Anblick?

CHOISEUL. Hohe Frau, ich hatte eben die letzten Vorkehrungen zur Probe beendet und ging noch einmal die Szenerie in Gedanken durch. Zu dem kommt noch, daß mich ein Unwohlsein der Quinault für das Gelingen des Ganzen besorgt machte. *Lächelnd.* Überhaupt sind die Künstler bald außer Fassung gebracht, wenn man ihnen hinter die Gardine sieht.

POMPADOUR. Ah, ein Stich für mich. Ich hätte mich anmelden sollen. Nun, nun, haben Sie keine Sorge, ich bin, wie es scheint, zu spät gekommen, um etwas zu belauschen.

CHOISEUL *für sich.* Dank sei es meinem Glücke!

POMPADOUR. Die Quinault ist also unwohl? – Sagen Sie ihr: ich erwarte, daß sie sich zusammen nimmt – übermorgen hat sie Zeit, um auszuruhen. *Sie tritt auf einmal zu Choiseul heran, sieht ihn fragend an und winkt den Hofdamen, da er ihr etwas verwirrt ausweicht, sich zu entfernen.*

HOFDAMEN *gehen links ab.*

POMPADOUR. Sie sehen heut entsetzlich bleich aus, Herzog, und haben ein eigentümliches Benehmen. Das bin ich sonst nicht an Ihnen gewöhnt, und gilt mir am Vorabend meines Triumphes fast für ein schlechtes Omen.

CHOISEUL *sich bezwingend.* Ich will es nur gestehen, ich hatte Vormittag wieder einen heftigen Nervenanfall, der soeben wiederkehrte. Ich hoffte, es würde nicht bemerkt werden. Um so mehr bin ich beglückt, bei Ihnen, hohe Frau, eine Elastizität und Frische zu finden, die mich wahrhaft mit Erstaunen füllt.

POMPADOUR. Und das sagen Sie mir mit einer Totengräbermiene, als ob es Ihnen leid täte? *Sie schlägt ihn mit dem Fächer.* Ei ei! Man muß einem alten Freunde wie Ihnen viel zugute halten. – Aufrichtig gesagt, fühle ich mich heut merkwürdig wohl, obgleich ich dem doch nicht so recht traue. Aber das Gefühl, meine Gegnerin für immer vernichtet, das strahlende Ziel meines Lebens erreicht zu haben, lächelnd von unerklimmbarer Höh' auf das neidische Gerücht um mich herabzusehen, hat meinen Geist, meinen Körper so dithyrambisch aufgeregt, daß ich in Wahrheit glaube, ich lebe nun noch lange. Ich werde den Ehering am Finger tragen und aller Schmerz, alle Schande wird verlöscht sein. *Ihm näher tretend, leiser, entzückt.* Und habe ich sie getilgt, bin ich rein geworden vor mir selber und der Welt, dann will ich den teuren Verlassenen sehen – wiedersehen, und alle Tränen trocknen, die er um mich geweint! – Staunen Sie nur, wie verändert ich bin, Choiseul! Ich habe heut morgen den Spiegel gefragt, und er meinte, daß ich noch nicht alle Reize verloren, daß die Begeisterung und das Gefühl des Sieges auch den Marmor beleben und ihm die Innigkeit der Jugend leihen könne!

CHOISEUL. Und in der Tat, hohe Frau, ich wünsche es von Herzen.

POMPADOUR. Nun, ist das Schauspiel bereit, kann man beginnen?

CHOISEUL *beklommen*. Es bedarf nur Ihres Winkes –

Er wankt.

POMPADOUR. Aber Herzog, ich bitte Sie! Sie sind ernstlich krank!

CHOISEUL *matt*. Wieder diese Wallungen – ein Taumel im Hirn. – *Er wischt sich den Schweiß von der Stirn, energisch*. Es wird vorübergehen.

POMPADOUR *faßt ihn herzlich bei der Hand*. Sie machen mich wirklich besorgt, d'Amboise! Wenn Sie sich nach der Vorstellung nicht wohler fühlen, lasse ich Sie sicher nicht nach Paris! Mein Arzt soll Sie hier behandeln!

CHOISEUL *preßt in plötzlicher Rührung ihre Hand an seine Lippen*. Heißen Dank!

POMPADOUR. Ist Ihnen besser?

CHOISEUL *seine Fassung wieder gewinnend*. Ja, ja; – es ist ja bald vorüber!

POMPADOUR. Nun, so lassen Sie uns beginnen; *Sie setzt sich in den Sessel*. ich bin aufs höchste gespannt.

CHOISEUL *verbeugt sich, geht entschlossen nach der Tür links und öffnet sie*.

HOFDAMEN, PAGEN UND DIE BEIDEN KAVALIERE *treten links ein*.

EIN KAVALIER *öffnet die Tür rechts*.

TERRAY, MAUPEOU, SILHOUETTE UND DUBARRY *treten rechts ein.*
ALLE *verbeugen sich.*
POMPADOUR *grüßt.*

Kurze Pause.

Fünfter Auftritt

Die Vorigen. Hofdamen. Pagen. Kavaliere. Terray.
Maupeou. Silhouette. Dubarry.

POMPADOUR. Nun, lieber Herzog, teilen Sie uns den Titel
und die handelnden Personen des Dramas mit.
CHOISEUL *ein Papier hervorziehend.* Das Drama heißt
»Athalia, Königin von Juda.« Den Namen des Autors er-
laube ich mir nach der Vorstellung mitzuteilen. Die Per-
sonen sind: die Königin Athalia – Mademoiselle Quinault;
Kleomenes, Hauptmann der Leibwache – Préville; Polior-
ket, ein Grieche, ihr Vertrauter – Dumesnil; Azaziel, der
Hohepriester Lecain; Rahel, seine Tochter – Mademoiselle
Clairon; Simson, ein Bettler – Herr Laitard. Gefolge.
POMPADOUR. Also eine Begebenheit der jüdischen Ge-
schichte, etwa um die Zeit der kleinen Propheten?
CHOISEUL. Jawohl. Der erste Akt spielt in einer Halle der
Hofburg zu Jerusalem, es ist Abend, die Torhüter schlafen,
Athalia streift unruhig durch die weiten Säulengänge.
POMPADOUR. Das fängt schaurig genug an. Nun beginnen
Sie.
CHOISEUL *stiert sie bleich an.*
POMPADOUR. Mein Gott, was zögern Sie denn, Herzog?
CHOISEUL *zusammenfahrend.* Sogleich! *Er geht in den*
Hintergrund und winkt, kommt dann entschlossen zurück
und stellt sich hinter den Sessel der Marquise.

DORIS QUINAULT *im Kostüm, tritt durch die Vorhänge des Hintergrundes schwankend und bleich auf, in höchster Angst und Erregung.*

Sechster Auftritt

Die Vorigen. Doris Quinault.

QUINAULT.
»Die Nacht bricht an, – auch meine Lebenssonne –
Neigt trübe sich – dem Grab im West entgegen, –
Und diesem tiefen – Dunkel um mich her –
Entschlüpft ein Heer gespenstischer Gesellen, –
Die, – mit gebrochnen – Herzen, starren Auges –
Die Schmach und Schande – schwatzhaft mir erzählen, –
Die sie – durch mich im Leben einst erduldet!« –
Barmherziger Gott, ich kann nicht mehr!

Die Versammlung wird unruhig.

Weh, und noch einer kommt!«

Sie sieht sich entsetzt um.

Ja, noch einer ist's – »heran – so bleich!«
O Jesus! – »Weh mir! – Mein erster Gatte!«

Sie schreit auf.

POMPADOUR *schaudert zusammen.*
NARZIß *im Kostüm, durch die Vorhänge hereindringend.*

Siebenter Auftritt

Die Vorigen. Narziß.

NARZIß *mit gewaltiger Stimme.* »Ja, sieh her!«

QUINAULT. O entsetzlich! *Sie ist bemüht, sich immer so zu stellen, daß sie die Pompadour und Narziß einander zu sehen hindert.*

POMPADOUR *erschreckt.* Ha, was ist das! – *Sie erhebt sich aus dem Sessel.* Diese Stimme!

NARZIß. »Sieh ihn, den du verachtet und verstoßen!«

POMPADOUR *entsetzt.* Bin ich von Sinnen? – Das ist

NARZIß. »Er reißet dir dein gleißend Diadem –« –

POMPADOUR *stößt die dicht vor ihr stehende Quinault mit aller Kraft beiseite.*

NARZIß UND POMPADOUR *sehen sich mit namenlosem Entsetzen an.*

POMPADOUR *aufschreiend.* Narziß! – *Sie sinkt ohnmächtig in den Sessel zurück indem sie stöhnt.*

NARZIß *aufschreiend.* Allmächtiger Gott! – Mein Weib!! *Er stürzt auf sie zu, sinkt vor ihr auf die Knie, umfängt sie sprachlos und bedeckt ihre Hände mit Küssen.*

QUINAULT *krampfhaft.* O Gott! *Sie starrt in lautloser Angst auf Pompadour und Narziß.*

Kurze Pause, alles steht entsetzt.

CHOISEUL *tritt, Pompadour atemlos beobachtend, auf die rechte Seite.*

NARZIß. O mein teures, mein einziges Weib, ich habe dich wieder – dich wieder! – Ich habe dich gesucht und gesucht, ach, und du wolltest dich nicht finden lassen, mein Lieb! – Wo bist du so lange geblieben?

QUINAULT *mit gespanntester Angst.* Ha, sie kommt zu sich, sie wird nicht sterben.

POMPADOUR *die sich erholt, ihn umfangend, matt.* Mein Narziß, mein armer, lieber Narziß! – *Sie küßt ihn.* O Gott, kannst du mir verzeihen, daß ich dich so namenlos elend gemacht und dein Leben verödet? *Lauter, voller Freude und Zärtlichkeit.* Aber sieh, nun hab' ich dich wieder! Ich halte dich umfangen, bis der neidische Tod mich aus deinen Armen reißt! – Doch nein, ich will leben, ich werde leben! Dir zur Liebe, zum Glücke! *Innig.* O, ich hatte es anders beschlossen! Nur noch eine kurze Zeit, und du hättest mich doch wieder gehabt – aber besser, Narziß, besser, nicht so bedeckt mit Schande, wie jetzt. *Feierlich.* Doch sie ist gesühnt, gelöst in diesem Augenblicke vor der gemeinen Erbärmlichkeit dieses Mannes, *Auf Choiseul deutend.* dieses elenden Gesellen, den ich groß gesäugt mit meinem Herzblut! *Knirschend.* Aber noch habe ich Kraft, ihn zu zertreten, und ich werd's! – Sie haben dich hierher gebracht, Narziß, damit du mich morden sollst mit deinem lieben Antlitz. Alle diese sind meine Mörder, sie zielen nach meinem Herzen! – Das ist eine Verschwörung der Königin gegen mich, und der falsche Choiseul hat seine mörderische Hand an sie verkauft! Pfui, Judas!

CHOISEUL *wie vernichtet, halblaut.* O Gott, sie erholt sich, sie wird leben! – Nur im Tode läßt sie ihre Macht!

POMPADOUR *erhebt sich mit riesiger Energie.*

NARZIß *der bisher zärtlich um sie bemüht war, unterstützt sie.*

POMPADOUR. Ja, leben! – Die Pompadour ist noch die Gebieterin Frankreichs! – Wer d'Amboises Nachfolger sein will, melde dem König, was geschehen, und rufe die Palastwache! Ihr müßt mich morden, Choiseul! – Morden mit kaltem Blute – ein wehrloses Weib! So kommt doch und wagt's! – Doch wenn mein Blut an Eurem Stahle

97

klebt, *höhnisch.* ist Maria Leszczynska so beschimpft, daß sie nicht mehr Königin sein kann; – das hattet Ihr vergessen bei der Rechnung! – O!! – *Sie fällt in den Sessel zurück, indem sie die Hände nach Narziß ausstreckt.* Mein Narziß!

NARZIß *stiert sie entsetzt an.*

CHOISEUL *ruft.* Kapitän Saint-Lambert!!

Die Vorhänge der Arkaden teilen sich, man sieht den Hintergrund mit Soldaten besetzt.

LAMBERT *durch die Mitte.*
ZWEI GARDISTEN *folgen ihm und besetzen die Türen links und rechts.*

Achter Auftritt

Die Vorigen. Saint-Lambert. Zwei Gardisten.

LAMBERT *herantretend.* Sie stirbt!

CHOISEUL. Ich habe sie gemordet! – Ha! – Aber ich werde siegen!

DUBARRY *aus seinem Entsetzen erwachend.* Er hat mich betrogen!

POMPADOUR *an Narziß gelehnt, matt.* Ihr hattet auf meine Krankheit gerechnet, Herzog, die war ein zuverlässiger Bundesgenosse. Ein feines Stückchen, d'Amboise, ein rechtes Liebeszeichen.

CHOISEUL. Liebe? – Die Eitelkeit muß man sich abgewöhnen, wenn man ein großer Mann sein will!

POMPADOUR. Gut, sehr gut! – Ihr seid ein würdiger Schüler von mir, aber nur – ein Schüler! O, die Pompadour ist eine Riesin – sie stirbt nicht an der Schande – denn es wäre eine Entehrung der menschlichen Natur, sich vor euch, sich in diesem Zeitalter zu schämen! – Ich will leben, ich muß leben um dieses Armen willen. Ich hab' ihm eine ewige Schuld zu zahlen, und ich werd's, und müßt' ich selbst das Paradies entvölkern und den Himmel zur Erde reißen, daß sie mit mir zu seinen Füßen lägen! *Sie will Narziß umarmen.*

NARZIß *packt sie wild.* Ha! Und wenn ihr beide mir zu Füßen läget, du und das Paradies, ich würde euch zertreten! *Er schleudert sie in den Sessel.*

POMPADOUR *tut einen Schrei, dann wimmernd.* Erbarmen!

NARZIß *ehern.* Du hast mich verlassen, treuloses Weib, du hast geschwelgt im Glück, indes ich gebettelt, du hast dich selbst, die Gott geschaffen zu seinem Abbild, zerfetzt und geschändet um das hohle Phantom von Ruhm und Macht, das sei dir verziehen, denn du bist bestraft mit ehrlosem Alter. Aber *daß du, du diese Pompadour* gewesen bist, sein konntest, *das sei dir nicht verziehen!* Begreifst du nicht, Hyäne, daß in mir das zerlumpte, verzweifelte, wahnsinnige Vaterland dich angrinst, das du an Leib und Seele dem Götzen deines Ichs geschlachtet? – Ich trete vor dich als die Menschheit, deine Zeit! Sieh her, das hast du aus ihr gemacht! – Was willst du uns geben für unsre Lumpen, unsre Tränen, für die gebrochne Unschuld, die verfaulten Seelen? Was? Gibst du's uns wieder?! *Er rüttelt sie.* – Der Tag des Gerichts bricht herein, die Posaunen schreien, die Sonnen erbleichen, und die Sterne verwehn, und der Tod reitet über die Erde und mähet und mähet, denn ihm sind zu eigen gegeben die armen Menschen um deiner, deiner Sünde willen, und wenn du dahinfährst und trittst unter die Schar der Verdammten, da jauchzen die Teufel, hahahaha, denn ihre Erlösung ist kommen und sie werden rein und zu Engeln vor deiner Schuld. Sie entsetzen sich, sie entfliehen vor dir, und du wirst zurückbleiben in den Gefilden des Entsetzens und allein sein!!

POMPADOUR *einen wahnsinnigen Schrei ausstoßend, dann sich emporbäumend.* Nun denn, nach mir die Sündflut!! – *Sie bricht zusammen und stirbt.*

ALLE *nähertreten, dumpf.* Sie ist tot!

CHOISEUL. O, daß man seine Tat nicht messen kann!

NARZIß *ohne das Geschehene zu beachten, in gesteigertem Wahnsinn.* Hahahaha! Ja, die Sündflut! – Es regnet Feuer vom Himmel und Galle und Tränen! Aus den Sümpfen des Elends und Verbrechens steigt das entmenschte Geschlecht und heult durch die Straßen nach Blut! Blut! Blut! Hussa! Hurra! Und unter Gelächter rollen die hauptlosen Leichen in den Kot, von Mutter und Kind, Freund und Feind. Auf dem leeren Throne Gottes sitzt die grinsende Vernunft dieser Welt, die Vernunft, die wahnsinnig worden, und rechnet und zählt, denn sie braucht noch fünftausend Leichen, daß sie leben kann, und da steigt die Sündflut indes, dringt bis zur Hölle, und da, hahahaha! treffen wir beide uns wieder! *Er stößt einen Schrei aus, bricht zusammen und stirbt.*

CHOISEUL. Der Wahnsinn hat ihn getötet.

QUINAULT *voll rührender Hoheit.* Und aus der Sündflut steigt in neuer Schöne die geläuterte Menschheit und betet wieder zu ihrem versöhnten Vater im Himmel. Dann wird's keinen Narziß mehr geben!

LAMBERT *vortretend.* Ihro Majestät die Königin betrat soeben die Gemächer des Königs!

CHOISEUL. Ha! – Folgen Sie mir, meine Herren Minister! *Indem er sich wendet, fällt der Vorhang.*

Biographie

1824 *29. April:* Albert Emil Brachvogel wird als Sohn eines Kaufmanns in Breslau geboren und besucht dort das Gymnasium. Er tut sich schwer, beruflich Fuß zu fassen: Er bricht eine Graveurlehre ab, seine Schauspielversuche bleiben erfolglos und auch seine Studien an der Berliner Akademie der Künste und an der Breslauer Universität scheitern.

1851 Brachvogels Intrigenstück »Jean Favard« wird in Berlin uraufgeführt.

1854 Es folgen mehrere Anstellungen in Berlin, u. a. als Sekretär am Krollschen Theater.

1856 Das Trauerspiel »Narziß«, die eigentliche Verherrlichung des genialen Schwächlings, bringt dem Autor seinen größten Erfolg und wird in fast alle europäischen Sprachen übersetzt.

1858 Von den zahlreichen, meist historischen Romanen bleibt lediglich »Friedemann Bach« in Erinnerung.

1872 Der Schriftsteller kehrt nach Berlin zurück und wechselt mehrfach seinen Wohnsitz.

1878 *27. November:* Brachvogel stirbt in Berlin und erhält ein Ehrengrab auf dem Domfriedhof II.

Geschichten aus dem Sturm und Drang

Zwischen 1765 und 1785 geht ein Ruck durch die deutsche Literatur. Sehr junge Autoren lehnen sich auf gegen den belehrenden Charakter der - die damalige Geisteskultur beherrschenden - Aufklärung. Mit Fantasie und Gemütskraft stürmen und drängen sie gegen die Moralvorstellungen des Feudalsystems, setzen Gefühl vor Verstand und fordern die Selbstständigkeit des Originalgenies.

Lenz Zerbin oder Die neuere Philosophie **Wezel** Silvans Bibliothek oder die gelehrten Abenteuer **Moritz** Andreas Hartknopf. Eine Allegorie **Schiller** Der Geisterseher **Goethe** Die Leiden des jungen Werther **Klinger** Fausts Leben, Taten und Höllenfahrt
ISBN 978-1489596925, 468 Seiten, 19,80 €

Geschichten aus dem Sturm und Drang II

Wezel Kakerlak oder die Geschichte eines Rosenkreuzers **Bürger** Münchhausen **Schiller** Der Verbrecher aus verlorener Ehre **Moritz** Andreas Hartknopfs Predigerjahre **Lenz** Der Waldbruder **Klinger** Geschichte eines Teutschen der neusten Zeit
ISBN 978-1489597106, 424 Seiten, 19,80 €

Dekadente Geschichten

Im kulturellen Verfall des Fin de siècle wendet sich die Dekadenz ab von der Natur und dem realen Leben, hin zu raffinierten ästhetischen Empfindungen zwischen ausschweifender Lebenslust und fatalem Überdruss. Gegen Moral und Bürgertum frönt sie mit überfeinen Sinnen einem subtilen Schönheitskult, der die Kunst nichts anderem als ihr selbst verpflichtet sieht.

Rilke Die Aufzeichnungen des Malte Laurids Brigge **Huysmans** Gegen den Strich **Bahr** Die gute Schule **Hofmannsthal** Das Märchen der 672. Nacht **Rilke** Die Weise von Liebe und Tod des Cornets Christoph Rilke
ISBN 978-1489596833, 392 Seiten, 16,80 €

Made in the USA
Las Vegas, NV
03 February 2025

17428836R00059